나는
감염되었다

UN 인권위원의
코로나
확진일기

나는 감염되었다

서창록 지음

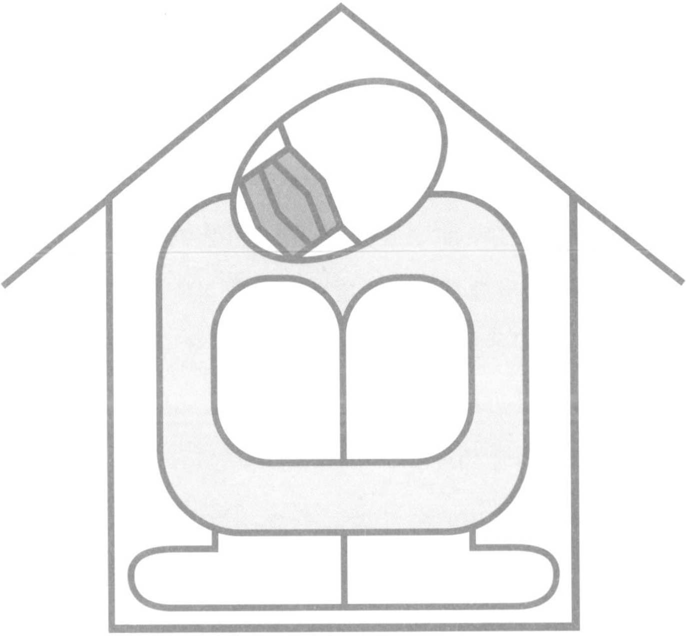

문학동네

프롤로그

코로나가 뒤엎은 삶

나의 삶은 코로나19 감염 이전과 이후로 나뉘게 될 것 같다. 지금까지의 인생이 인권에 대해 '머리로' 찾는 과정이었다면, 코로나 감염의 경험은 인간다움이란 대체 무엇인지 '마음으로' 깨닫게 해주었다. 앞으로 나의 삶은 모든 인간이 인간답게 살아가는 일을 실현하기 위해 노력하는 과정일 것이다. 그런 의미에서 코로나 감염은 내게 축복이다. 고통을 이겨내고 건강을 되찾은 것 이상이다. 가족의 소중함을 깨우쳤다. 내가 진정 누구를 위하여 일하는가에 대해 생각할 수 있었고, 그들의 입장을 더 분명히 이해하게 되었다. 결과적으로 인권에 비전을 둔 사람으로서 남은 인생에서 무엇을 어떻게 해야 할지 좀더 구체적인 그림을 그리게 되었다.

나는 UN에서 인권이사회 자문위원 등으로 6년간 일해오던 중에, 2020년 3월 UN체제학회 참여차 뉴욕으로 출국했다가 신종 코로나바이러스에 감염되었다. 병원 치료를 받고 나온 후, 사람들은 내 이야기를 궁금해했다. 경험담을 얘기하다보면 모두 드라마보다 더 흥미진진하다고, 책을 한번 써보라고 했다. 그러나 농담과 하소연을 섞어 나의 경험을 주변에 털어놓기는 쉬웠지만, 책을 쓸 용기는 선뜻 나지 않았다. 그간 글을 아예 써보지 않은 것은 아니었다. 칼럼, 논문, 교과서, 전공서적…… 내 나름대로 많이 썼다. 그럼에도 한동안 이 이야기를 쓰길 망설인 것은, 이 경험담은 내가 이전에 썼던 것과는 다른 방식으로 쓰여야 한다는 걸 진작 알아차렸기 때문이다.

2020년 코로나19 확진자 서창록이 경험한 세계는 이전에 교수, 학자, 인권활동가, UN 인권위원 서창록이 살아온 세계와는 판이하게 달랐다. 코로나19는 내 명함에 새겨진 온갖 직책과 직위를 떼버리고, 그저 확진 순서로 넘버링된 번호로 관리되고 격리되고 처리되는 확진자로서 이 사회의 혐오와 모욕과 부조리를 온몸으로 겪어내보라고 말하고 있었다. 그간 전 세계를 누빈 나의 경험과 연구지식은 코로나19 앞에서 적용되지 않았다. 매 순간 맞닥뜨리는 당혹스럽고 고통스러운 일 앞에서 내가 연구하고 확신을 가졌던 인권에 대한 지식과 신념, 읽고 써온 책들은 한낱 종잇장일 뿐이었다.

신종 코로나바이러스는 사람을 가리지 않고 덮쳤다. 그러므로 나의 경험담 역시 남녀노소 가리지 않고 두루 공유될 수 있도록 쓰고 싶었다. 때로는 나 자신의 부지와 자만을 놀리면서, 또 확진자들만 아는 '바이러스 퇴치 과정'의 아이러니를 낱낱이 까발리면서, 누구의 눈치도 보지 않고 쉽고 재미있게 쓰기로 마음먹었다. 고통과 회복, 웃음과 울음, 무지와 깨달음이 뒤엉켜 있는 이 이야기를 당신 곁의 한 친구와 가족이 겪은 일처럼 읽어주길 바란다.

코로나 확진 과정에서 끝까지 아닐 거라 버둥거리고 도리질했던 바보 같은 나의 허세에 웃고, 때론 한 환자가 홀로 격리된 채 감당해내야만 했던 고통에 울고, 무엇보다 우리 모두가 코로나라는 대재앙 속에 적당히 덮어두었던 '인간다움'의 가치에 대해 기억해주길 바란다.

병원에서 보낸 3주간의 격리 기간은 스스로를 돌아볼 수 있는 소중한 기회였다. 내가 입원한 음압병실은 창문도 열지 못하고 이중문으로 외부와 완전히 차단된 공간이었다. 와이

파이도 안 되었기 때문에 특별히 다른 일을 할 수가 없었다. 책을 들여와 읽을 수는 있었지만, 나는 그냥 좁은 병실 안을 왔다 갔다 걸으면서 생각하는 시간을 선호했다. 질병의 통증과 죽음의 공포를 겪어내야 했지만, 다른 한편으로는 하루종일 이런저런 생각을 하는 즐거움도 있었다. 정말 많은 생각을 했다. 조선시대에 선비들이 유배 가면 수년 동안 무엇을 했을까 궁금했는데, 사람에게는 '생각하는 즐거움'이 있는 것이었다. 내가 지금까지 어떻게 살아왔고 앞으로 무엇을 해야 할지 돌아보고 다시 꿈꾸는 시간이었다. 내가 인권과 관계된 일들을 왜 하고 있는지 성찰할 수 있었고, 또 어떻게 해야 할지 방향도 잡을 수 있었다.

병실의 나를 사로잡은 질문은 이것이었다.

'나는 지난 몇 년간 왜 그리도 바쁘게 살았을까?'

나는 내 나름대로 특별한 재주가 있다고 생각한다. 또 그런 나의 능력을 사람들에게 인정받아왔다. 주어진 일을 해낼 때의 보람과 즐거움이 있고, 이것은 더 열심히 일하는 동기와 자극제가 되었다. 또 내가 하는 일이 우리나라와 국제사회의 발전에 중요한 기여를 하고 있다고 자부해왔다. 나는 나 혼자만의 이익을 위해서가 아니라, 내가 속한 집단의 유익을 위해 일한다고 생각해왔다. 나는 이타적인 사람인 것 같았다.

하지만 아니었다. 나는 철저히 이기적이었다. 사람들은 타인과 관계를 맺을 때, 자기를 중심으로 바라본다. 이것은 누구나 그러하다. 그럼에도 나는 그렇지 않다고 생각해온 것이다. 하지만 내 생각은 완전히 틀렸다. 나는 오랫동안 인권에 대해 공부하고 인권의 증진을 위해 활동하면서, 공동체를 중시하며 사회적 약자와 소수자를 위해 일한다고 생각했다. 그러나 그것은 나의 착각이었다. 내가 잠시나마 혐오와 차별의 대상이 되고 보니, 나는 그들의 입장을 전혀 이해하지 못하고 있었다는 것을 깨달았다. 그들의 입장을 이해하지 못하고 그들에게 공감하지 못하면서 어떻게 그들을 위해 일한다고 할 수 있겠는가.

퇴원 후, 한 후배가 이렇게 말했다.

"한 번 죽다 살아나니까 착하게 살고 싶지 않으세요? 어려운 일을 겪고 나면 누구나 그런 생각이 든대요. 재밌는 건 반년만 지나도 그 생각이 싹 다 사라진다는 거죠."

코로나 감염 이전과 이후의 내 생각은 분명 많이 달라졌다. 가족을 소중히 여기고 감사하며 살겠다는 생각, 남을 더 배려하고 무엇이든 너무 욕심내지 말아야겠다는 생각이 들었지만, 그것은 그저 6개월 후에 사라질 '착하게 살겠다'는 추상적인 결심과는 사뭇 달랐다. 내가 코로나19로 인해 배운 것은 삶에 대한 의지 그 이상이었기 때문이다.

코로나바이러스는 나에게 삶의 방법을 가르쳐주었다.

이것은 코로나19로 인해 예기치 않게 인생이 바뀐 한 사람의 기록이다. 그러나 당신에게도 얼마든지 일어날 수 있는 사건이다. 코로나19가 사라진 자리에도 바이러스와 전염병, 혹은 한 인간을 세계로부터 격리하고 처리해야만 하는 재난은 계속 들이닥칠 것이다. 내가 코로나19를 온몸으로 겪으며 이전엔 전혀 몰랐던 것을 배우게 됐듯이, 이 책이 코로나 시대에 우리가 잃어버리고 놓친 것들에 대해 한 번쯤 생각해보게 하는 책이 된다면 더할 나위가 없겠다.

차례

3부 음압병실의 모르모트 -병원 격리

4부 완치자가 아니라 '회복자'입니다
-코로나 후유증과 퇴원 후 회복기

1부

나는 왜 코로나에 걸렸나

-감염경로

'중국 바이러스'가
창궐했을 때
UN본부가 있는
뉴욕과 제네바에서
벌어진 일

인간의 본성에
차별과 혐오가 있다

2019년 12월 중국 우한에서 처음으로 신종 코로나바이러스가 보고되었다. 바이러스는 급속도로 퍼지고 있었다. 그러나 당시 국제사회에서는 이 기묘한 바이러스가 전 세계적인 팬데믹으로 확산되리라고는 전혀 예측하지 못했다. 많은 나라에서 중국인의 입국을 금지했다. 대부분의 국가들은 중국인만 잘 통제하면 이 바이러스를 제어할 수 있을 것이라고 믿었다. 결과적으로 잘못된 생각이었다.

이러한 오산은 중국인에 대한 혐오와 차별을 낳았고, 더 나아가 동양인 전체에 대한 차별로 이어졌다. 또한 중국인 입국 금지를 둘러싼 이슈는 중국을 배척하려는 일부 선진국의 국제정치적 이해관계와 맞물려 매우 복잡한 외교적 사안이 되었다. 유럽이나 한국과 같은 우방국이 중국에서 바이러스가 창궐했을 때 입국 금지 조치를 내리지 않은 데 비해, 미국은 재빨리 중국인 입국 금지를 결행했다. 누구보다도 바이러스를 단호하게 통제해야 할 세계보건기구WHO 사무총장이 중국에 쩔쩔매는 이유는 애초에 중국으로부터 유무형의 지원을 받고 있기 때문이라는 뉴스로 비판이 일었고, 미국의 트럼프 대통령도 노골적으로 불만을 표했지만, 진실은 아무도 알 수 없었다.

한국에서는 중국인의 입국을 금지하지 않기로 한 결정에

대해 보수 정치세력의 비판이 들끓었다. 정부는 우리나라처럼 국제사회와 공존해야 하는 자유무역 국가가 국경을 봉쇄하는 것은 옳지 않다는 입장을 견지하고, 입국자를 잘 통제하는 방향으로 방역 정책을 세웠다. 하지만 보수 진영에서는 중국의 눈치를 보느라 국민의 건강을 볼모로 삼는 정치적 결정을 내렸다고 비판했다.

이때만 해도 코로나19가 '우한폐렴' 혹은 '중국 바이러스'로 알려져 있었다. 사람들은 신종 코로나바이러스를 중국인들의 식습관과 생활습관, 폐쇄적인 정치구조와 언론 통제에 따른 문제로 여겼고, 이는 자업자득이라 생각하며 중국인을 기피했다. 언론에서 보도하는 자극적인 사진과 과장된 뉴스는 중국인들에 대한 혐오를 빠르게 확산시키고 있었다.

바로 이 무렵 나는 뉴욕과 제네바로 출장을 떠났다.

2020년 2월, 나는 UN의 인권조약기구 중 하나인 시민적·정치적권리위원회Human Rights Committee의 위원 선거에 입후보하여 선거운동을 하기 위해 뉴욕을 방문했다. 이 기구는 한국에서는 주로 자유권위원회로 불리는데, 한국은 1990년 가입한 이래 단 한 번도 자유권 위원을 배출하지 못했다. 일주일 체류하는 동안 70명에 가까운 외교관들과 면담하며, 왜 내가 자유권 위원이 되어야 하는지를 알렸다. 나는 6년 동안 UN 인권이사회에서 쭉 일해왔지만, 조약기구 위원이 선출되는 과정을 속속들이 알게 된 것은 처음이었다. 엄청나게 바쁜 스케줄이었지만 결과적으로 매우 좋은 경험이었다. UN의 선거가 어떻게 이루어지는지 배울 수 있었고, 각국 외교관들이 어떠한 생각을 가지고 있는지 알 수 있는 기회이기도 했다. 또 내가 이 일에 적합하다는 것을 설득하는 과정에서, 인권과 자유에 대한 나의 소신을 더 정교하게 정리할 수 있었다.

내가 뉴욕과 제네바에 갔을 때만 해도, 미국과 유럽에서 신종 코로나바이러스에 감염된 사람은 극소수에 불과했고 코로나19가 지금과 같이 대유행할 것이라고는 상상도 못했다. 인천공항에서는 거의 모든 사람이 마스크를 착용하고 있었던 것과는 반대로, 뉴욕의 공항에서는 마스크를 착용한 사람이 한 명도 없었다. 나도 슬그머니 마스크를 호주머니에 넣었다. 이때부터 서울로 귀국할 때까지 나는 마스크를 다시 꺼내 쓰지 않았다.

뉴욕에서는 코로나바이러스 환자가 몇 명 나왔더라는 소문이 도는 정도이지 위기감은 전혀 없었다. 모든 사람들이 UN 건물 내에서 자유롭게 만났고, 뉴욕의 식당들은 인산인

해로 북적거렸다. 역시 자유의 나라 미국은 한국과 달리 괜한 위기감을 조성하지 않는다고 생각했다. 이 자유가, 나를 바이러스의 위험으로부터도 충분히 보호해줄 것이라고 막연히 생각했던 것 같다.

뉴욕과 제네바는 UN본부가 위치하고 있다는 공통점이 있지만, 두 도시의 분위기는 사뭇 다르다. 뉴욕은 복잡하고 역동적인 반면, 제네바는 평온하고 한산하다. 마음이 편안해지고 여유가 느껴지는 제네바가 나는 훨씬 좋다. 내가 제네바를 좋아하는 이유는 하나 더 있다.

1989년 미국에서 대학원을 다니던 시절, 나는 제네바 UN본부에서 인턴으로 일한 적이 있다. 당시 제네바는 지금보다 불어를 훨씬 많이 썼다. 또 UN에서도 영어와 불어를 공용어로 사용하고 있었기 때문에, 인턴으로 일하려면 두 언어를 다 완벽하게 구사할 수 있어야 했다. 나는 불어를 고등학교 때 시작해서 대학 시절까지 7년을 배웠지만, 자유자재로 구사할 능력은 못되었다. 그러나 UN에서 꼭 인턴을 하고 싶다는 욕심 때문에 지원서에 불어를 잘한다고 기재하여 인턴 자리를 얻어낼 수 있었다.

그래서 나는 인턴생활을 시작하는 첫날부터 고전했다. 인턴 동기들은 UN 직원들과 첫 미팅을 하는 자리에서 자유롭게 불어 회화를 구사했다. 물론 UN에서는 두 언어 가운데 자기가 원하는 언어로 말할 수 있기 때문에 나는 영어로 말했지만, 불어를 쓰는 사람들의 말을 알아듣기가 힘들었다. 자기소개를 하라는 직원의 불어도 못 알아들어서, 무척 당황했던 기억이 지금도 생생하다. 그러고도 어떻게 인턴 기간을 마무리할 수 있었는지는 알 수 없지만, 국제기구에서 어떻게 살아남아야 하는지 날이 갈수록 눈치는 늘었던 것 같다.

당시 제네바에서의 4개월 인턴생활은 내 인생의 값진 경험이었다. 좋은 친구들을 만났고 유익한 경험을 쌓았다. 앞으로 불어를 완벽히 마스터해서 제네바로 반드시 금방 돌아와 UN에서 일하겠다고 다짐했다. 그러나 그 꿈은 이루어지지 못했고, 25년이 지난 2014년에야 인권 전문가로서 겨우 제네바에 갈 수 있었다. 생각해보면 내가 UN 인턴으로 일했던 1989년은 한국이 UN에 가입하기도 전이었다. 외국인들은 한국이 어디 있는 나라인지도 잘 모르던 시절이다. 한국 유학생이 UN에 취직하려고 했던 것은 어쩌면 무모한 생각이었는지도 모르겠다.

25년 만에 방문한 제네바는 그대로였다. 제네바 UN본부 인턴 시절, 가장 인상 깊었던 장면은 버스를 탈 때 표검사를 하지 않는다는 것이었다. 한국에서는 버스 차장이 회수권을 검사하던 시절이다. 그때 내게 크게 와닿은 것은, 구성원 간의 '신뢰'와 개인의 '자유'였다. 25년 동안 급격히 변한 한국을 생각하면 제네바는 어떻게 이리도 그대로일 수 있는지 신기했다. 한편 크게 달라진 점 하나는 이전보다 영어를 훨씬 많이 사용한다는 것이었다. 과거와 달리 불어를 사용하지 않고도 UN에서 일할 수 있을 정도였고, 일상생활에도 불론 지장이 없었다.

제네바에서의 자문위원회가 시작되었다. 6개월 만에 만난 동료 위원들은 늘 그러하듯이 서로 반갑게 인사를 나누었다. 대화의 화제는 단연 코로나바이러스였다. 중국 출신 위원에게 질문이 쏟아진다.

"중국 상황은 어떤가요? 어떻게 제네바에 왔습니까? 입국 비자를 받는 데 문제는 없었나요? 당신은 괜찮습니까? 당신 가족들은 어떤가요? 앞으로 중국 상황을 어떻게 전망하시나요……"

나와 아주 친한 사이였던 그 중국 위원은 당황하면서 대답한다.

"나와 우리 가족들은 다 건강합니다. 지금 중국은 잘 대처하고 있으며 곧 상황이 좋아질 것으로 예측합니다……"

솔직히 내게는 구차한 변명으로 들렸다. 중국 당국이 제대로 대응하지 못해서 이렇게 큰일이 났는데, 상황이 좋아질 리 만무해 보였기 때문이다.

나에게도 질문이 온다. 페루에서 온 위원이 물었다.

"한국에서는 바이러스 상황이 얼마나 심각한가요? 페루에는 아직 감염자가 한 명도 없는데, 한국에는 확진자가 얼마나 있나요?"

일상적인 안부를 묻는 대화였지만, 질문하는 페루 위원은 혹시라도 그 중국 위원으로부터 감염될지 모른다는 두려움을 품은 듯했다. 그가 나 역시 두려워하고 경계하는 것처럼 느껴졌다. 한국은 중국 옆에 있으니 마찬가지로 위험한 것은 아닐까 생각하는 듯했다.

내 동료들은 세계에서 인권에 대해 가장 잘 안다는 각국의 인권 전문가이다. 인권에 대한 지식의 유무를 떠나서 사람은 누구나 두려움을 가지고 있다. 혐오는 인간의 본성에 있다. 자신을 보호하기 위해서 사람들은 저도 모르게 공포의 감정을 '만들어낸다'. 하지만 혐오는 심각한 인권 침해와 차별을 불러온다. 평생 인권을 공부하고 활동해온 전문가들도 이렇게 무심결에 말끝에 차별과 혐오를 매달진대, 난생처음 원인 모를 바이러스를 지켜보는 일반인들은 어떠랴. 인권이란 평생 지켜내겠노라고 다짐해봐도, 일상에서 숨쉬

듯 자연스럽게 체화하긴 쉽지 않다는 생각을 하며 위원회를 시작했다.

혐오는 인간의 본성에 있다.
자신을 보호하기 위해서
사람들은 저도 모르게
공포의 감정을
'만들어낸다'.

카타르에서 애타게 "나는 한국인입니다"를 외치다

절박한 난민,
태연한 텃세

뉴욕과 제네바를 거쳐 나는 2월 말 귀국했다. 도시를 여럿 거치다보니 귀국 스케줄이 복잡해졌고, 한 번도 이용해본 적 없는 카타르항공 비행기를 타게 되었다. 카타르 역시 한 번도 가본 적이 없었는데, 마침 프로모션 행사가 있어서 2박 일정의 관광을 하는 데 단 3만 원으로 가능하다는 것을 알게 됐던 것이다.

뉴욕과 제네바의 모든 일정을 마치고 나는 홀로 도하행 카타르항공 비행기에 올라탔다. 좌석은 넓고 고급스러웠다. 승무원들도 매우 친절하다. 시간이 오래 걸려도 앞으로 카타르항공을 이용하는 것도 좋겠다는 생각을 했다. 그렇게 도하 도착 직후 설레는 마음으로 비행기에서 내려 입국장으로 향했다.

공항에는 중국인들이 꽤 많았다. 문득 나도 중국인으로 보일까봐 걱정되었다. 그때 코로나바이러스란 곧 '중국 바이러스'였기 때문이다. 사람들의 시선이 심상치 않다. 사람들이 나를 경계하는 것이 싫었다. "나는 한국인입니다"라고 말하고 다니고 싶었다. 그래서 여권을 은근슬쩍 사람들 보이게 들고 걸었다. 실제로 입국장에 들어서자 중국인들은 따로 격리하고 있었다. 중국인이 아니라서 다행이라고 생각하면서 나는 당당하게 걸어갔다. 한국인이라는 것이 자랑스럽기까지 했다.

입국심사를 받는데, 저쪽에서 검사를 먼저 받고 와야 한단다. 나는 의기양양하게 "한국인이다"라고 말했다. 하지만 통하지 않았다. 기껏 대기한 줄에서 빠져나와 검사장으로 갔다. 간단한 문진표를 작성하고 체온을 쟀다. 절차는 꼬박 한 시간이나 걸렸다. 입국허가증을 받아 다시 출국장으로 갔다. 또다시 긴 줄 끝에 서야 한다는 것이 억울했지만 별수없었다. 긴 기다림 끝에 내 차례가 왔고, 드디어 입국하는가 했다. 그러나 공항 직원이 나를 갑자기 멈춰 세우더니, 가만히 기다리라고 한다. 그러고 나서는 아무 설명도 없다. "제네바에서 넘어왔고 UN에서 일하고 있다"라고 얘기해도 아무 소용이 없다. 그 굳은 표정과 단호한 말투는 한 번도 맞닥뜨려본 적 없는 무서운 것이었다.

다시 검사장으로 돌아가야 했다. 담당자는 내 여권과 항공권을 달라고 하더니 어디론가 사라졌다. 그러고는 10분, 20분…… 아무리 기다려도 연락이 없다. 이러다 중국 사람으로 가득한 검사장에서 정말로 코로나에 감염될까 두렵기까지 하다. 한쪽 구석 의자에 자리잡고 앉았다. 어느덧 머물고 있던 사람들이 하나둘씩 사라지고, 나 혼자 남았다. 입국장은 한산해졌다.

지나가는 직원에게 상황을 설명하고 도와달라고 해도 들

은 척도 하지 않는다. 죄인, 병자 취급을 당하는 듯하다. 문득 한국 인천공항에 들어오는 난민들이 이런 기분이겠구나 생각했다. 아무도 모르고 언어도 잘 안 통하며, 사람들은 불친절하고 무시당하는 느낌이 든다. 게다가 당장 코앞이 어떻게 될지 모르는 이 불안감……

수년 전 난민에 대한 인권 수업을 하면서 통역이 잘못되어 난민으로 인정받지 못하는 사례에 대해 다룬 적이 있다. 우리나라에 온 어떤 난민이 한국 정부에 난민 자격을 요청했으나, 돌아온 것은 난민 불인정 통지였다. 알고 보니 그의 진술이 엉뚱한 내용으로 바뀌어 면접조서에 남아 있었다. "한국에 온 목적은 취업뿐이며, 본국에 다시 돌아가도 상관없다." 이는 난민 신청을 한 입장에서는 절대로 하지 않을 진술이다. 순전히 아랍어 통역이 잘못된 결과였다. 어떻게 정부가 뽑은 통역관이 이리도 엉터리일 수 있을까. 난민에 대한 한국의 인프라가 너무 부족했고, 또 별 신경도 쓰지 않았다는 방증이다. 난민들은 절박했지만, 우리는 너무도 무관심했다.

다시 정신 차리고 대한민국 국민이라는 자부심을 되새기며, 도착 직후 받은 문자메시지에 있는 번호를 눌러 대한민국 영사관과 통화를 시도했다. 통화량이 많아 연결이 불가하다는 소리가 나온다. 아니, 대체 이럴 때 전화하라는 번호가 통화랑이 많다고 하면 어쩌란 말이냐! 벌컥 짜증이 났다.

답답한 마음에 아는 외교관들한테 여기저기 문자메시지를 보냈다. 서울로, 제네바로, 뉴욕으로…… 또 아는 친구가 대사로 일하고 있는 이집트까지도 연락을 넣었다. 백방으로 수소문한 결과, 나는 인맥 덕분에 대사관 직원과 연결되어 가까스로 도움을 받게 되었다. 그러나 도착 후 네 시간이 지난 시점에 사태는 다시 반전된다. 카타르 입국이 불가하다는 통보를 받은 것이다. 그날 오전 카타르 정부에서 한국인 입국을 불허한다는 결정을 내렸단다. 비행기에 탑승하기 전 분명히 입국이 가능하다는 안내를 받았는데, 내가 비행기를 타고 오는 동안 한 국가의 정책이 이렇게 손바닥 뒤집듯 바뀔 수가 있는가. 이해하기 어려웠다. 알고 보니, 한국에서 대구 신천지 교인들의 감염이 늘어나면서 카타르로서는 긴급히 내린 결정이란다. 결국 나는 이민국 직원에게 끌려가서 또 격리된다.

여러 가지 생각이 교차했다. 이틀 동안 카타르에 머무를 계획이었는데, 예약한 호텔은 어찌하며, 내 짐은 어디에 가 있는지, 무엇보다 한국에 언제 돌아갈 수 있을지 눈앞이 캄캄하다. 다시 대사관에 연락을 취해서 도움을 요청한다. 이렇게 또 한 시간 반이 지났다. 천신만고 끝에 나는 다음날 새벽 항공편으로 귀국할 수 있게 되었다. 나는 외교부에 지인이 많아

그나마 이 정도로 귀국이 가능하게 되었지만, 그렇지 않은 사람들이 나 같은 처지에 놓였으면 어땠을까.

탑승권을 받고 드디어 다섯 시간여 만에 라운지에 들어설 수 있었다. 그제야 허기진 배를 채우고 노트북을 꺼내 드라마 〈스토브리그〉를 본다. 짐이며 호텔까지 다 잊고, 그저 귀국하게 된 것만도 다행이라 생각한다. 그때 이민국 직원이 다시 라운지까지 나를 찾아왔다. 지은 죄도 없는데 가슴이 덜컥 내려앉는다. 이번에는 웃기게도 전격적으로 내 입국을 허가하기로 결정했다는 통보였다. 그러니 입국장으로 들어가라는 말을 전하러 온 것이었다. 한국 대사관의 힘이었다.

갑자기 너무 친절해진 모습에 당황했지만, 카타르 정부의 정책에 어긋나게 행동하는 것은 옳지 않다고 생각해 거절했다. 그랬더니 직원이 조금 후 다시 찾아온다. 부디 재고해달라고. 고민이다. 그래도 여기 더 있고 싶지는 않다. 이제 네 시간 후면 한국행 비행기를 탈 것이다. 한국에도 코로나가 극성이라지만 빨리 서울로 가고 싶다. 긴 하루였다.

꿈꾸던 카타르 여행은 이렇게 꿈만 꾸고 끝났다. 다시는 카타르에 가고 싶지 않다. 고급스러운 카타르항공, 멋진 라운지, 아름다운 경관의 신도시…… 하지만 내게 카타르는 이런 것보다는 무섭게 째려보던 이민국 직원의 눈빛으로 각인되었다. 인천공항에 도착한 난민들도 그런 기억만 가득하지 않았을까.

문득 한국 인천공항에 들어오는 난민들이
이런 기분이겠구나 생각했다.
아무도 모르고 언어도 잘 안 통하며,
사람들은 불친절하고 무시당하는 느낌이 든다.
게다가 당장 코앞이 어떻게 될지 모르는
이 불안감……

난민들은 절박했지만,
우리는 너무도 무관심했다.

자유의 나라 미국에 갇히다

감염병과
이동권 제한

지난 6년간 제네바의 UN 인권이사회 자문위원회에 참석할 때마다 나는 학생들을 인턴으로 데리고 갔다. 5~10명 정도의 학부생 및 대학원생을 선발하여 경험을 쌓게 하고, 위원회의 일도 도울 수 있도록 했다. 국제기구인 UN에서 하나라도 더 배우고 경험하기 위해 눈을 빛내는 학생들로부터 나는 많은 것을 배울 수 있었다.

짧게나마 제네바 UN본부의 인턴으로 일한다는 것은 특별한 경험이다. UN본부 건물에 입장해 아무나 참석할 수 없는 중요한 회의에 참석하기 때문이다. 나와 동행하는 UN 인턴들은 주로 자문위원들의 대화를 받아 적고 요약하는 일을 하게 된다. 하지만 틈틈이 제네바 UN의 직원 및 전문가들과 직접 얘기를 나누는 특권도 누릴 수 있다. 인턴 경험 이후 부단한 노력으로 UN에 취직한 학생도 있다.

2020년 2월, 제네바를 방문했을 때도 나는 학생들과 동행했다. 그리고 대화하는 중에 학생들에게 이런 질문을 했다.

"내가 귀국 후 바로 다음달 3월에 하와이대학에서도 초청을 받았고, 뉴욕에도 초청을 받았어. 어디를 가는 것이 좋을까?"

하와이 일정은 UN에서 일하는 하와이대학 교수가 여는 국제회의에 나를 초청한 것이었고, 뉴욕 일정은 UN체제학회에서 주관하는 중국, 일본, 한국 학자들의 모임이었다. 그 무렵 나는 잇따른 출장으로 조금 지쳐 있었고, 둘 중 하나만 선택해서 가려고 했다. 어쩌면 둘 다 가지 않는 방법을 택할 수도 있었다.

그런데 학생들의 대답이 의외였다.

"스케줄을 조성해서 둘 다 가시지요?"

결국 학생들의 추천대로, 나는 귀국 후에 연락을 취해서 스케줄을 조정했고, 뉴욕을 거쳐 하와이에 가기로 결정했다. 하와이에는 부모님이 체류하고 있어서, 만나뵐 수 있는 좋은 기회이기도 했다.

그리고 2020년 3월 재차 방문한 뉴욕에서 나는 코로나19에 감염되었다. 만약 그때 뉴욕 출장을 가지 않았더라면 감염되지 않았을 것이다. 후회스러웠지만, 그랬더라면 내가 코로나19 확진자가 되며 겪었던 또다른 경험을 못했을 것이고, 물론 이 책도 나오지 못했을 것이다.

뉴욕 UN체제학회 참여를 결정한 후 미국에서 코로나19가 확산되고 있다는 뉴스가 들리기 시작했다. 한국에서는 대구 신천지 교회발 바이러스 확산으로 환자가 걷잡을 수 없이 늘어나던 시기이다. 전 세계가 팬데믹으로 가는 상황에서 나는 뉴욕 출장을 가야 하는지 취소해야 하는지 고민했다. 어떻게 하면 좋을지 다시 학생들에게 물어보았다.

한 학생은 어차피 한국은 코로나 확산세가 진정될 것이고, 미국 뉴욕에서는 갈수록 더 확산되리라는 예측을 내놓았다. 한편 또다른 학생은 하루라도 빨리 떠날 것을 권했다. 왜냐하면 국내 확산 속도가 더 빨라지면 미국이 한국인의 입국을 전면 불허하게 될지도 모른다는 뉴스가 있었기 때문이다. 고심 끝에 나는 입국의 문이 닫히기 전에 빨리 뉴욕에 가서 일을 마치고 오기로 결정했다. 어느 학생의 말처럼 미국 내 한국인 입국이 금지되기 전에 빨리 가야 한다는 생각도 있었지만, 더 중요한 이유는 '미국 같은 선진국에서 심각한 상황까지 가지는 않을 것이다'라는 믿음이 머릿속에 박혀 있었기 때문이다.

미국은 자유의 나라이다. 내가 1984년 처음 미국에 유학을 가서 느꼈던 자유는 말로 설명하기 어렵다. 물론 그때는 지금과 같은 자유가 한국 땅에는 제한되어 있었던 것이 사실이다. 권위주의 시대, 할말도 제대로 못하고 시민권은 부당하게 박탈당하던 때다. 자유롭게 생각하고, 의견을 제시하고, 그에 따라 행동할 수 있는 공간이 한국에는 매우 드물었다. 유학 시절 내게 학문적 지식보다 더 소중한 배움은 바로 자유였다. 이 자유가 미국을 세계 최강국으로 만들었고, 우리나라도 자유를 얻어야 비로소 선진국이 될 수 있다고 믿었다.

당시 한국에서는 모든 것이 국가의 통제하에 있었다. 요즘은 흔하디 흔한 해외여행조차 자유롭지 않았고, 외국에 나가려면 소위 '소양교육'이라는 것을 수료해야 했다. 공항의 입출국 절차 역시 매우 까다로웠다. 나는 당시 유학생으로서 한 잡지에 불만 섞인 글을 쓴 적이 있다. 한국 사람인데 한국에 귀국하는 것이 악몽 같은 이유에 대해서. 나는 공항 입국시 거쳐야 하는 입국심사와 짐 검사가 정말 싫었다. 권위적인 이민국 직원 앞에서 모든 입국자가 가진 짐을 풀어 검사를 받아야 하는데, 죄를 지은 것도 아닌데 마치 죄인같이 느껴졌기 때문이다. 간혹 그런 검사를 거르고 바로 입국하는 특권을 누리는 사람들이 보였다. 우리와 대비되는 그들의 모습에서 차별당하는 느낌을 받았다. 그것을 생각하면 더욱 모욕적이었다.

반면, 미국에는 짐 검사가 없었다. 지금은 오히려 미국 입국 절차가 더 까다롭지만, 당시만 해도 이민자의 나라인 미국은 외국인에 관대해서 큰 어려움 없이 입국할 수 있었다. 공항도 한국에서와 달리 전혀 스트레스가 아니었다. 미국인들은 우리보다 더 빨리 입국했다. 그들은 심지어 당시 한국에 들어올 때조차도 줄을 서지 않고 짐 검사도 받지 않았다. 선진국 시민의 특권이었다. 1980년대의 나는 우리도 빨리 미국처럼 선진국이 되어야 한다고 생각했다. 더이상 차별대우를 받지 않고, 그들과 동등한 권리를 누리기 위해서라도 말이다.

UN체제학회 일주일 전 서둘러 뉴욕에 간 나는 뉴욕에 사는 지인들을 만나는 한편, 한국대표부의 외교관들과도 모임을 가졌다. 뉴욕에서 코로나19가 확산될 수 있다는 가능성에 대한 뉴스가 조금씩 나왔지만, 대부분의 미국 사람들은 여전히 매우 자유로운 생활을 하고 있었다. 코로나19에 대한 경고가 나오기 시작했지만, 대부분의 사람들은 그 여파가 자신의 생활 반경까지 오리라고는 예상하지 못했다. 마스크를 착용한 사람 역시 한 명도 없었다. 그럼에도 현지 사람들은 한국을 비롯한 아시아에서 온 사람들을 직접 만나는 것만은 두려워하는 듯했다. 혹시나 감염되지 않을까 하는 두려움 때문이다. 코로나19에 대한 공포를 느낀 것은 나 역시 마찬가지였다. 길에서 중국인으로 보이는 사람을 만나면 나도 모르게 움찔거렸다.

우리는 바로 내일 일어날 일에 대해서도 제대로 알지 못한다. 매일같이 계획을 세우고 결심하지만, 많은 경우 예상치 못한 일로 인해서 결정 내린 대로 실행하지 못하고 계획을 변경하곤 한다. 코로나19는 우리 모두의 삶을 바꿔놓았다. 촘촘히 계획했던 뉴욕에서의 일정 역시 내가 도착하고 불과 며칠 안 돼 모두 취소할 수밖에 없었고, 순식간에 모든 미국인의 삶이 송두리째 바뀌었다.

이내 NBA(미국 프로농구)의 한 선수가 감염됐다는 소식이 들렸다. 프로농구 리그가 중단되었고, 이것은 미국인에게 적잖이 큰 충격을 주었다. 한 유명 영화배우가 호주에서 감염되었다는 뉴스도 나왔다. 며칠 사이 급격히 확진자가 늘면서, 조금씩 몸을 불려가던 염려는 갑자기 폭발했다. 텔레비전에 나오는 뉴스가 연일 코로나19로 도배되었다.

트럼프 대통령은 매일 브리핑을 하기 시작했다. 코로나로 몸살을 앓던 뉴욕의 주지사 쿠오모 역시 매일 브리핑했다. 트럼프는 공화당 소속이고 쿠오모는 민주당 출신이다. 재밌는 점은 두 사람의 정치 성향이 정반대인데, 브리핑 스타일도 확연히 달랐다는 것이다. 트럼프는 코로나19가 그저 감기와 비슷한 것이라며 가볍게 여기는 듯한 태도로 곧 코로나바이러스가 사라질 것이라고 주장했다. 무엇에 근거해서 그렇게 얘기하는지는 모르겠으나, 재선을 의식해 국민들을 진정시키려 한다고만 느껴졌다. 반면 쿠오모는 사실과 과학적 근거에 기반해서 그 위험성을 밝히며, 모든 주민들의 방역 대응 동참을 강조했다.

급기야 얼마 지나지 않아 뉴욕이 셧다운되었다. 연방정부는 뉴욕주를 '중대 재난 지역'으로 선포했다. 감염병 때문에 중대 재난 지역이 지정된 것은 미국 역사상 처음이었다. 내가 머물고 있던 뉴저지 역시 봉쇄되었고, 호텔 안에 머물 것을 권고받았다. 호텔 식당들도 문을 닫았고, 포장판매만 하게 되었다. 객실 청소 역시 중단되었고, 밤 8시 이후 통행금지 조치가 실시되었다. 나는 자유의 나라 미국에서 어떻게 이런 일이 일어날 수 있을까 생각했다. 유학 시절 느꼈던 자유의 충격을 기억하는 나로서는 정말 황당한 일이었다.

한국에서도 코로나19 파장으로 대학교 개강을 2주간 연기했다. 교육부의 지침에 따라 각 대학은 온라인으로 강의하기로 결정했고, 나는 머물고 있던 뉴저지 호텔에서 첫번째 온라인 강의를 시작했다. 인권에 대한 강의를 하면서 혼돈에 빠진 뉴욕과 저녁 8시 이후 일절 통행금지 조치가 내려진 뉴저지의 상황에 대해 얘기했다. 미국이라는 '자유의 나라'에서 인간의 이동권을 통제하는 상황에 대해 학생들과 토론하고, 바이러스 앞에서 인간이 얼마나 취약한 존재인지에 대해 논의했다. 하지만 그때까지도 정작 내가 코로나19에 감염되었다는 사실은 까맣게 모르고 있었다. 이튿날인 2020년 3월 17일, 나는 코로나19 감염 증상을 보이기 시작했다.

강의에서 나는 내내 인권을 강조하면서 미국의 봉쇄정책을 비판했다. 어쩌면 그렇게 한 치 앞도 내다볼 수 없었을까. 미국에 바이러스가 창궐해 큰일이 일어나는 것을 내 눈으로 보면서도, 정작 내가 감염될 줄은 추호도 몰랐던 것이다.

다시, 인권이란 무엇인가에 대해 원점에서 생각한다. 사람이 사람답게 살기 위한 조건이 인권이다. 자유는 인권에서 결코 양보할 수 없는 조건이지만, 바이러스에 감염되어 수많은 사람이 죽어가는 와중에도 자유를 외치며 거리를 활보하는 것만이 인권을 위한 길은 아닐 터이다. 전 UN 사무총장 코피 아난은 '더 큰 자유 속에서: 모두를 위한 발전, 안보, 인권을 향해'라는 UN 개혁안에서 자유를 '결핍으로부터 자유' '공포로부터 자유' '존엄성을 갖고 살기 위한 자유'라고 언급했다. 전염병 사태 속에서 공동체의 안전과 생명권을 해치는 것은 진정한 자유가 아니다. 나도 모르는 사이 이 부분을 잠시 잊고 있었다.

다시, 인권이란 무엇인가에 대해
원점에서 생각한다.
사람이 사람답게 살기 위한 조건이 인권이다.
자유는 인권에서
결코 양보할 수 없는 조건이지만,
바이러스에 감염되어
수많은 사람이 죽어가는 와중에도
자유를 외치며 거리를 활보하는 것만이
인권을 위한 길은 아닐 터이다.

나의 사적인 뉴욕 감염경로 역학조사 끝에 알아낸 것

이민자들에 대한 멸시

"어디서 감염되었을까?"

퇴원 후에 가장 많이 받은 질문이 언제 어떻게 바이러스에 옮았는가이다. 시기적으로 계산해보면 2020년 3월 뉴욕 방문시 걸린 것은 확실한데, 정확히 어디서 누구로부터 감염되었는지는 모른다. 뉴욕에 있는 동안 너무나 많은 곳을 다녔고, 많은 사람들을 만났기 때문이다.

내 나름대로 만났던 사람들에 대한 역학조사를 해보았다. 그러나 지인들 중에서는 코로나19에 걸린 사람이 한 명도 없었다. 나랑 같이 저녁식사를 했던 교포 친구들, 뉴욕에서 미팅했던 UN 직원, 교수, 한국 외교관 등 모두 연락해보았지만 감염된 사람은 아무도 없었다. 꼼꼼히 따져보니 의심 가는 사람이 딱 한 명 있었다. 마트에서 만났던 동유럽 출신의 청년이다.

뉴욕에서 갑자기 바이러스가 창궐해 뉴저지에서 야간통행이 금지되었을 때, 나는 호텔에서 음식을 사다 먹기 위해 마트에 갔다. 몇 가지 물건을 사고 주차장을 천천히 빠져나오던 중이었다. 주차하고 있던 차가 갑자기 후진해서 내 차 오른쪽 옆구리를 박았다. 당황스러운 상황이었지만, 이럴 때 흥분은 금물이었다. 큰 숨을 들이쉬며 마음을 가다듬고, 차분하게 문제를 해결해야 한다는 생각을 하면서 차에서 내렸다. 그 순간 머릿속이 복잡해졌다. 이 친구를 내가 어떤 태도로 대해야 하는가. 자기 잘못을 인정하지 않고 내 잘못이라고 냅다 우기면 어떻게 해야 할까. 이 차는 렌터카인데 블랙박스는 있나. 렌터카 회사에 연락을 취해야 할까. 이 친구로부터 어떤 정보를 받아야 하는가 등등.

차에서 내려보니 수염을 덥수룩하게 기른 덩치 큰 청년이 서 있었다. 면허증에 쓰여 있는 이름을 보니 성이 '코민스키'였다. '스키'로 끝나니 동유럽에서 온 것이 분명해 보였다.

"어떻게 된 겁니까?"

나는 점잖게 물었다.

"음…… 내가 실수했습니다…… 죄송합니다."

의외로 고분고분했다. 영어가 서툰 청년이었다. 갑자기 화가 나기 시작한다. 영어도 제대로 못하는 놈하고 이제부터 이 일을 어떻게 해결해나갈 것인가. 의사소통부터 어려울 것이니 협의도 지난할 것이 틀림없다.

외양을 보고는 30~40대일 것이라고 짐작했는데, 운전면허증을 보니 그는 1999년생이었다. 아, 내 아들보다도 어린 청년이 아닌가. 운전면허증을 취득한 지도 얼마 되지 않은 듯 보였다. 나는 운전면허증, 보험증, 자동차등록증 등을 달라고 해서 사진을 찍어놓고, 그 친구의 육성으로 사고 경위에 대해 녹음해달라고 요청했다. 본인 과실로 사고를 낸 상황을 설명하는 내용으로 말이다. 그러나 영어가 서투른 그 친구는 내가 요청한 내용을 제대로 말하지도 못했다. 그 때문에 수차례 반복해서 녹음해야만 했고, 그렇게 옥신각신하다가 아마도 그때 코로나에 감염되어버린 것 같다는 생각이 든다.

나중에 생각해보니 그 친구 얼굴이 어딘가 퀭한 것이 아파 보였다. 마약을 하지 않았을까 하는 의심을 했지만, 지나간 일을 꼼꼼히 돌아보니 그는 코로나에 감염되었던 게 틀림없다.

나는 그 친구와 주차장에서 30분 이상 대화했다. 마스크도 착용하지 않았다. 코로나가 확산되어 통행금지 조치가 내려진 상황이었음에도 마스크를 착용한 미국인들은 거의 찾아볼 수 없었다. 그러니 그때의 나도 조심해야 한다는 생각은 전혀 하지 못했다.

호텔로 돌아온 후에도 나는 그 친구와 몇 번 통화했다. 처음에는 이 전화번호가 진짜인지 의심스러워 전화했고, 나중에는 보험회사와 연락하는 과정에서 추가정보가 필요해서 연락했다. 그는 영어에 매우 서툴렀기 때문에 통화하기 무척 어려웠고, 내 전화로는 문자메시지를 주고받을 수가 없어서 소통은 더욱 난항에 빠졌다. 결국 나는 그의 어머니와 통화했는데, 어머니는 상황을 자신들에게 유리한 쪽으로 끌어가려고 했다. 나는 사고현장에서 찍어놓은 사진과 그의 육성 녹음이 매우 중요하다는 점을 상기시키면서 그녀와 다투기 시작했다. 법적 분쟁으로 가면 나는 100% 이길 것이라고 생각했다. 동유럽에서 온 이민자들이니까 이렇게 막무가내지, 하는 생각까지 했다.

보험회사에서 일하는 친구와 통화해서 상황을 설명했더니 친구는 미국에 이상한 이민자들이 많이 들어와서 미국이 망해간다고 했다. 고소한다고 큰소리치면 꼼짝도 못할 것이라고도 했다. 그런데 문득 이상한 생각이 든다. 미국은 태생부터 이민자들의 나라가 아닌가. 그런데도 잘못된 것은 왜 모두 다 이민자 탓이라고 할까.

나는 어느 순간 사고를 낸 친구와 그 어머니를 멸시하고 깔보는 나의 모습을 발견했다. 사고를 낸 주범이고 일을 매끄럽게 처리하지 않으니 화가 나는 것은 당연하지만, 동유럽에서 온 친구라서, 나이가 어려서, 영어를 잘 못해서…… 나는 그를 내려다보기 위해 합당한 것처럼 보이는 근거들을 긁어모으고 있었다.

먼 옛날 내가 처음 미국에 유학을 갔을 때, UN 회원국도 아닌 한국에서 온데다 영어도 잘 못하는 어린 청년을 당시 미국 사람들은 어떻게 봤을까. 그 동유럽 청년은 다름 아닌 과거의 나였다. 나는 부끄러움을 느꼈다.

2부

성북구 13번 확진자의 사라진 인권을 찾아서 -두려움과 확진

증상 발현,
부모님을
만나지 못하다

구조적 차별과
감염병

원래 나는 하와이대학에서 열리는 회의에 참석할 계획이었다. 그래서 뉴욕에서 하와이를 거쳐 귀국하기로 되어 있었지만, 코로나19 확산으로 인해 하와이 일정은 공식적으로 모두 취소되었다.

그러나 너무 갑작스럽게 취소되었기 때문에 뉴욕에서 인천으로 돌아가는 비행기 좌석을 바로 구할 수가 없었다. 또 공식 일정은 취소되었으나 나는 부모님도 뵐 겸 하와이 바닷가에서 좀 쉬었다 가고 싶었다. 그래서 나는 코로나 사태가 점점 심각해지는 뉴욕을 떠나 부모님이 계시는 호놀룰루로 가기로 결정했다.

3월 17일 오전, 나는 일찍 렌터카를 반납하고 하와이행 비행기에 탑승하기 위해 뉴욕 뉴어크 공항으로 갔다. 아침에 일어나니 몸살 기운이 조금 느껴졌다. 바로 전날 밤에 온라인 수업을 해서 피곤이 덜 풀렸나 생각했다. 탑승권을 받고 라운지로 가는 길, 갑자기 가슴이 답답해지기 시작했다. 잔기침도 나기 시작했고 열도 좀 오르는 듯했다. 앗, 내가 코로나에 걸린 건 아닐까? 설마 아니겠지? 겁이 덜컥 났다.

마스크를 단단히 쓰고 비행기에 탑승하고 나니까 오만 가지 생각이 난다. 내가 정말 코로나에 감염되었을까. 그간 만난 사람들을 역순으로 죄다 떠올려보면서, 나는 감염 가능성에 대해 심각하게 되짚어봤다. 그럴 리가 없다고 마음은 도리질하지만, 머릿속으로 따져보니 감염 가능성은 너무나 컸다. 나는 아무 생각 없이 사람들을 만나고 쇼핑도 가고 식당도 다녔던 것이다.

비행기 안에서 이런저런 생각을 하던 중에 후배가 하와이 총영사를 맡고 있다는 사실이 떠올랐다. 핸드폰을 뒤지니 전화번호가 있다. 기내에서 전화를 했다.

"내가 지금 하와이로 가고 있는데, 코로나 증상이 있는 것 같아. 도착하면 바로 병원에 가려고 해. 의사 좀 소개해줄 수 있을까?"

총영사 후배 덕분에 나는 공항에서 바로 병원으로 갔고, 진료를 본 한국계 의사를 통해 코로나에 감염되었을 가능성이 있다는 얘기를 들었다. 당시 미국에서는 코로나바이러스 검사를 아무나 받을 수 없을 때다. 비용도 매우 비싸고 당연히 보험도 적용되지 않았다. 의사는 하루빨리 귀국할 것을 권했다. 만약 감염된 게 사실이라면 비행기를 타면 안 되는 게 아닐까 생각하면서도, 당시 미국에는 방역수칙이 따로 없었고, 외국인으로서 미국에서 확진받으면 더 대책 없을 수도 있다는 의사의 권고에 한국으로 돌아가야겠다고 마음먹었다.

여기까지 왔지만 하와이에 계신 부모님을 만나면 안 되겠다는 생각이 들었다. 노인들은 특히 코로나로 인한 치명률이 높고 위험하다는데, 나로 인해 두 분이 감염되는 것은 끔찍한 일이었다. 나는 호텔에 체크인했고 부모님을 만나지 않았다. 어머니는 매일 전화하며 나의 안부를 물었다. 걱정 끼쳐드리지 않기 위해 아프진 않은데 시국이 흉흉하니 그저 조심하는 것뿐이라고 말씀드렸지만, 어머니는 예나 지금이나 내 목소리만 들어도 금방 내 상태를 알아챘다. 내가 많이 걱정하고 있다는 것을 전화선 너머에서 감지했을 터였다.

하와이에는 확진자가 거의 없을 때였다. 물론 검사 수가 많지 않아서 확진자가 나오지 않은 것일 수도 있다. 한편으로는 노인 인구가 많은 하와이에 바이러스가 퍼졌다면, 아무래도 이미 사망자가 많이 나왔을 것이라 생각했다.

하와이에는 동양인이 많이 산다. 아시아계가 인구의 60%를 차지하고, 한국인과 일본인이 특히 많다. 따라서 아시아인에 대한 차별은 심하지 않은 편이다. 나는 인종차별이 심하지 않은 문화일수록, 외국계 사람들이 정체성을 잃지 않고 각자의 문화를 유지해가며 살 것이라고 생각해왔다.

오래전 브라질을 방문했을 때 나는 상파울루에 사는 한국인 2, 3세들이 한국어를 잘하는데다 한국 명절까지 꼬박꼬박 챙기는 것에 깊은 인상을 받았다. 한국 음식점에 가보니 내가 어렸을 때 맛보았던 전통 한식의 맛 그대로였다.

미국에 비해 브라질은 인종차별이 거의 없다. 미국이 다양성의 나라라는 점에서 '멜팅팟melting pot'이라고들 하지만 실은 인종의 '모자이크'일 뿐이고, 인종들이 뒤엉켜 살아가는 진정한 '멜팅팟'은 브라질이라고 생각했다. 미국은 다양한 인종이 있지만 서로 섞이지 않고 각자 살아간다. 하지만 브라질에선 모두가 섞여 있다. 역설적이지만, 바로 그렇기 때문에 브라질에서는 각 인종이 계속 정체성을 유지하면서 살아갈 수 있다. 미국에서는 미국 시민권을 가지고 있더라도 여전히 아시안과 히스패닉이 있지만, 브라질에는 모두 브라질 사람들만 있다.

내 사촌동생들은 초등학교 시절 미국 인디애나로 이민을 갔다. 그들은 모두 한국어를 잊었다. 어쩌면 미국 사람으로 살기 위해 한국인의 정체성을 버려야 했던 것이 아닐까. 재일교포 2, 3세들은 한국어를 못한다. 얼추 한다고 해도 일본식 발음으로 한다. 왜 그럴까 생각해보았는데, 그것이 그들에게 간신히 허락된 생존방법이어서가 아닐까 한다.

하지만 인종차별이 덜하다고 해서 구조적 문제점이 없는 것은 아니다. 교육, 문화, 의료에 대한 접근성이 떨어지는 구조적 문제점은 불평등의 심화를 야기하고, 결과적으로 차별을 초래하기도 한다. 그런 점에서 하와이는 특이한 섬이다.

코로나19 사태로 하와이 인종차별의 민낯이 드러났다는 기사를 보았다. 하와이 전체 인구 중 원주민이 차지하는 비중은 10%가 안 되는데, 감염자 중에서는 약 30%가 원주민이라는 것이다. 이는 미국 본토에서 흑인과 히스패닉의 감염자 수가 상대적으로 많은 것과 비슷하다. 사회적 소수자가 질병에 취약하다는 사실은, 만성적으로 고착화된 사회구조적 인종차별에 기인한다. 따라서 사회구조적인 문제를 해결하지 않고는 진정한 방역도 불가능하다고 볼 수 있다.

하와이는 1898년까지 독립적인 왕국이었다. 그후 미국군에 의해 점령되어 미국령으로 있다가, 1959년 미국의 50번째 주로 편입되었다. 하와이 왕실이 보유했던 공공 토지는 모두 미국 연방정부의 손에 들어갔다.

1970년대에 들어 하와이주는 헌법 개정을 통해 소수자 보호의 전기를 맞는다. 원주민들을 보호하는 법안을 대폭 새로 만들었고, 공공토지에서 나오는 수입의 20%를 원주민들의 복지 향상에 사용하도록 규정했다. 그럼에도 하와이 원주민들이 구조적으로 감당해야 하는 불이익은 계속되었던 것이 사실이다. 오바마 정부 당시 하와이 원주민의 자치정부 수립에 대한 논의가 있었지만 아직도 진행중이다.

앞서 말했듯, 하와이 인구의 60%는 아시아인이다. 아시아인은 하와이에선 소수자가 아니다. 따라서 차별도 없다. 심지어 주지사도 일본계 이민자 2세다. 하와이의 민주주의는 아시아인의 주도로 발전했다고 해도 과언이 아니다. 하지만 이 민주화 과정에서 하와이 원주민들은 철저히 배제되었다.

하와이 원주민들을 생각하다가 나는 문득 한국에 거주하는 소수자와 외국인을 생각했다. 결혼이민자, 이주노동자, 난민들…… 그들의 삶은 어떠할까. 우리 사회에도 분명히 구조적 차별이 존재한다. 코로나19 상황에서 그들은 어떻게 살아가고 있을까. 보편적 재난지원금을 그들도 제대로 받았을까.

아마도 사람들은 하와이 원주민과 우리나라에 사는 소수민족은 근본적으로 다르다고 생각할 것이다. 하와이는 원래 원주민 땅인데 미국인들이 빼앗은 것이고, 대한민국은 원래 '우리' 땅인데 다른 민족들이 외부에서 들어왔으니 근본적으로 다르다는 것이다.

하지만 그렇지 않다. 모든 사람이 자유롭고 평등하다면, 차별하지 말아야 한다면, 인권이 보편적이라면, 하와이 원주민이든 한국에 있는 소수민족이든 똑같이 대우받아야 한다. 다르다는 생각이 차별을 일으킨다. 어쩌면 내가 인종차별이 없다고 생각하는 브라질에도 보이지 않는 구조적 문제가 있지 않을까.

귀국길,
팬데믹보다 무서운
인포데믹

가짜뉴스와
피해자들

결국 나는 아시아나항공편으로 예약을 변경하여 귀국길에 올랐다. 아직 코로나에 감염되었다는 사실을 알지 못할 때였지만, 감염자의 증상과 점점 비슷해져서 불안감이 커지고 있었다.

서울에 도착하면 어떻게 해야 할지 고민이었다. 아직 공항에서 코로나 검사를 실시하고 있지는 않았다. 나는 집으로 바로 가서 좀 쉬다가, 경과를 지켜본 후 필요하면 검사를 받으면 되겠다고 생각했다.

하와이에서 만난 의사 친구는 내가 코로나에 감염되었을 가능성이 없는 것은 아니나 그 확률은 극히 적어 보인다고 했다. 하와이에 머무는 동안 그 친구와 매일같이 통화했기에 그는 내 증상을 잘 알고 있었다. 현지 의사가 아니라 가족들과 함께 여행을 온 터라 스케줄이 바빴을 텐데도 나를 계속 걱정하고 챙겨주었다. 그 친구 덕분에 나는 심리적으로 안정할 수 있었고 공포를 이겨낼 수 있었다. 결국 그 친구의 판단은 틀렸지만, 당시 내가 크게 흔들리지 않고 냉철함을 지킬 수 있게 해준 그에게 고맙다.

하와이에서 출발하기 전, 아침 일찍 부모님이 계신 콘도로 가서 멀찍이서 인사를 드렸다. 아버지와 친한 친구분은 겁이 많으셔서 내가 멀리서 인사하는 것조차도 걱정하셨다. 반면 어머니는 자꾸 가까이 다가와 나를 보려고 하여 나는 오래 머물지 못하고 자리를 떠나야만 했다.

공항은 한산했다. 많은 비행기가 출항 취소되었고, 하와이도 셧다운을 고려하고 있을 때였다. 하지만 그때까지만 해도 미국 공항에서는 그렇게 엄청난 긴장감은 느낄 수 없었다. 아시아인들이 많아서인지 예전에 비해 공항에서 마스크는 많이들 착용하고 있었지만, 그다지 두려움에 휩싸인 분위기는 아니었다. 탑승권을 받아서 라운지로 갔다. 라운지에는 나 혼자였다. 직원들은 모두 마스크를 하고 있었고, 음식도 제공하지 않았다.

앉아 있는데 갑자기 가슴이 답답하고 조여온다. 비행기를 타고 열 시간은 족히 가야 하는데 어떻게 하나 걱정되었다. 대학교 다닐 때 싱가포르에서 간염에 걸려 귀국편에 계속 구토하며 고생했던 기억이 났다. 그때는 누나와 같이 있었는데도, 죽을 것같이 아팠고 아직도 가끔 몸이 불편하면 그 공포의 기억이 떠오른다. 마치 그때처럼 심한 몸살에 가슴이 답답하고 구역질이 났다.

비행기 안에는 꽤 많은 승객들이 있었다. 모두 마스크를 착용하고 있었고, 무사히 귀국길에 오른 것을 안도하는 듯 보였다. 나는 수면제를 먹고 잠을 자기로 마음먹었다.

아내와 통화했다. 아내는 내가 감염되었을 가능성을 생각해 치밀한 계획을 세우고 있었다. 나는 몸이 너무 아파서 빨리 집에 가서 쉬고 싶었다. 집에 가서 아내가 해주는 밥을 먹고 다른 방에서 잠을 자면 된다고 생각했다. 이렇게 몸은 욱신거리지만 내 친구의 말을 신뢰하며 코로나 감염은 아닐 것이라고 간주했다. 하지만 아내는 냉정했다. 공항에 도착하면 어디로 어떻게 가서 무엇을 할지 구체적으로 지시를 내리기 시작했다. 대화중에 아내는 불쑥 "근데 다른 데 가서 자는 게 어때?"라고 했다.

너무 섭섭했다. 아픔과 그보다 더 큰 두려움에 시달리며 귀국하는 남편에게 집에 들어오지도 말라니.

우리집에는 둘째딸과 아들이 같이 있었다. 아무리 다른 방을 사용한다고 해도 내가 감염되었을 경우 전염을 막기는 어려울 것이었다. 티끌만한 감염 가능성이라도 있다면 아무리 가족 간이라도 냉철하게 판단하는 것이 중요하다는 것을 그때 나는 깨닫지 못했다. 그러나 아내의 현명한 권고 덕분에 나는 비어 있는 부모님 댁에 당분간 머무르기로 했다. 공항에서 바로 강북삼성병원 선별진료소에 가서 검사를 받고, 부모님 댁에 가서 잤다.

그런데 이때 나의 귀국길에 황당한 일이 벌어진다. 나는 그 전말을 나중에야 알게 되었다. 내가 코로나19로 입원했다가 퇴원한 직후 귀국한 어머니는 나에게 왜 비행기에서 마스크를 착용하지 않고 떠들었냐고 넌지시 물었다. 그러나 아무리 생각해봐도 나는 마스크를 철저하게 쓰고 있었고, 열시간 동안 식사 한 번 하지 않고 내리 잠만 잤다. 그렇게 말씀드렸더니 어머니는 또 내가 라운지에서 마스크를 안 쓰고 직원들과 얘기한 건 잘못이라고 타이르셨다. 알고 보니 어머니의 지인이 내가 코로나에 감염됐다는 소식을 듣고는 깜짝 놀라며 나의 부적절한 행태에 대해 고발(?)했다는 것이다. 어머니의 지인은 나와 같은 비행기를 탔다고 했다. 착각하신 거겠지 싶어 가볍게 넘겨보려 했지만, 어머니의 지인이 친구 아들의 안부를 궁금해한다기보다는 친구 아들이 가십과 논란과 병증의 대상이 된 데 더 들떠 있는 것 같아서 씁쓸했다.

그 다음날 어머니는 내게 어느 항공사의 비행기를 탔느냐고 물으셨다. 또 무슨 소리를 하시려나 맥이 빠져 아시아나라고 대답했더니, 이렇게 말씀하셨다.

"내 친구는 대한항공을 타고 왔다더라……"

어이가 없었다. '가짜뉴스라는 것이 이렇게 퍼지는구나' 싶어 등골이 서늘해졌다.

잠시 동안 나는 공공질서를 지키지 않는 파렴치한이 되었다. 그 소문은 이미 나도 모르는 사이 여기저기 퍼졌고, 진실을 아는 사람은 많지 않을 것이다. 그 사람들에게 나는 영원히 그냥 그런 사람이다. 나는 그저 병에 걸렸을 뿐인데, 어느 순간 대단히 큰 잘못을 저지른 사람으로 둔갑했다.

코로나19가 확산되면서 가짜뉴스가 무차별적으로 유포돼 사람들 사이에서 불안 심리와 혼란, 공포가 가중되고 있다. 이른바 '인포데믹'이다. 인포데믹이란 정보를 뜻하는 '인포메이션information'과 전염병을 뜻하는 '에피데믹epidemic'의 합성어로, 악성 루머나 잘못된 정보가 빠르게 확산되는 '정보 전염 현상'을 뜻한다. 민간요법에 대한 가짜뉴스도 넘쳐난다. '구충제와 헤어드라이어가 코로나바이러스를 죽인다' '소금물을 분무기에 담아 뿌리는 바이러스 치료법' '10초 숨 참기로 체크하는 코로나19 자가진단법'과 같은 비과학적 내용들도 있다. 잘못된 정보는 방역에도 실질적인 위협이 된다. 사람들이 잘못된 예방조치를 하기 때문이다. 예를 들어 2020년 3월 경기도의 한 교회에서 불거진 집단감염 사태는 소금물이 바이러스를 죽인다는 가짜뉴스 때문에 일어났다. 교회 관계자들이 바이러스를 죽이기 위해 소금물을 뿌리면서 분무기를 통해 오히려 바이러스가 더 잘 전파됐기 때문이다.

코로나19와 가짜뉴스는 공통점이 있다. 둘 다 인간을 병들게 하고 사회를 어지럽히는 전염병이라는 점이다. 코로나19는 인간의 육체를, 가짜뉴스는 정신과 사회를 파괴한다. 코로나19 확진자인 동시에 가짜뉴스 피해자가 된 이들의 이야기를 들어보면 코로나19보다 이들을 더 힘들게 했던 것이 인포데믹이었다. 감염병으로부터 국민을 보호해야 할 책임은 국가에 있다. 하지만 피해자를 범죄자 취급한 정치인들은 영웅이 되고, 감염병 피해자인 확진자들은 죄인 취급을 당하고 있다. 힘들게 바이러스와 싸우고 나와, 세상과 또 싸워야 하는 피해자들의 입장을 다시 생각해본다.

가짜뉴스는 항상 존재한다. 우리는 가짜뉴스와 진짜 뉴스를 구별할 수 있는 능력을 키워야 하지만, 사실 새로운 정보가 무차별적으로 쏟아지는 상황에서 이를 완벽하게 구분해내기란 언제나 쉽지 않다. 혼란의 시기이지만 다른 사람을 배려하려는 노력이 있다면 우리는 가짜뉴스 속에 잠복해 있는 혐오와 배제를 구별해낼 수 있을지도 모른다. 우리에게 더 필요한 것은 다름 아닌 공감이다. 공감이 인포데믹을 치유할 수 있다.

그 소문은 이미 나도 모르는 사이
여기저기 퍼졌고,
진실을 아는 사람은 많지 않을 것이다.
그 사람들에게 나는 영원히
그냥 그런 사람이다.
나는 그저 병에 걸렸을 뿐인데,
어느 순간 대단히 큰 잘못을 저지른
사람으로 둔갑했다.

"혹시 너
코로나 걸렸니?"

확진자에게
개인정보는 없다

인천공항으로 입국한 직후 바로 선별진료소에서 검사를 받기로 결정했다. 강북삼성병원으로 향했다. 비행기에서 내려서 체온검사를 했을 때는 열이 없었는데, 병원으로 가는 길에 열이 오르는 느낌이 들었다. 불안해지기 시작했다.

선별진료소는 병원 밖에 만들어놓은 임시 천막이었다. 꽤 추운 날씨였는데도 불구하고, 히터도 없는 듯했다. 상당히 열악한 환경이었다. 나는 그때까지도 내가 위험한 환경에 있었을 뿐 실제로 코로나에 감염된 것은 아닐 거라 굳게 믿고 있었다.

천막 안에는 간호사인지 직원들인지 모르겠지만 많은 사람들이 있었고, 모두 방호복을 입고 있었다. 검사비를 결제하고 설명을 들은 후, 조그만 방으로 이동했다. 좁은 방에 들어가 혼자 앉아 있는 시간은 무척 고통스러웠다. 스스로가 큰 잘못을 저지른 사람처럼 느껴졌다. 두렵고 무서웠다. 시간은 흐르고, 점점 더 한기가 느껴졌다. 갑자기 기침이 나면서 여태 살면서 보지 못했던 매우 크고 굵은 가래가 나왔다. 온몸이 덜덜 떨렸다.

그런데도 의료진은 한참 동안 오지 않았다. 조심스럽게 밖으로 나가서 사람을 불러보았지만, 모두 다 바쁜 걸음으로 돌아다닐 뿐, 나에게는 관심이 없어 보였다. 답답한 마음에 밖

으로 나갔다. 아무도 없었다. 누군가를 찾으려고 다른 천막으로 향하던 중,

"그렇게 나오시면 안 됩니다!"

큰소리로 꾸지람을 들었다. 깜짝 놀라 죄인처럼 방으로 바로 되돌아갔다.

시간은 또 흐르고 몸은 점점 얼어갔다. 그 순간 갑자기 눈앞에 어떤 물건이 하나 보였다. 그것이 전기히터라는 것을 깨닫는 순간 마치 사막의 오아시스를 발견한 듯 기뻤다. 그동안 히터가 있는 것도 모르고 벌벌 떨고 있었던 것이다. 아무도 난방기구가 있다고 나에게 얘기해주질 않았다. 히터를 켜고 그 앞에 서 있으니 온기가 느껴진다. 그제야 살 것 같았다. 하지만 내 곁엔 계속 아무도 오지 않는다.

"여기 있다가는 없던 병도 생길 것 같아. 그냥 집에 갈까?"

참지 못하고 아내한테 전화를 걸었다. 다시 강조하지만 나는 그때 코로나에 감염되었다고 생각하지 않았다. 그때까지 만난 사람과 경우의 수들을 아무리 따져봐도 내가 확진자가 될 확률은 별로 없어 보였기 때문이다. 또 설사 코로나에 걸렸다 한들 나는 아직 건강하니 집에 가서 좀 쉬면 괜찮아지지 않을까 하는 생각도 있었다.

징징거리는 남편에게 아내가 냉정한 목소리로 답한다.

"기다렸다가 검사받고서, 집에 오지 말고 부모님 댁에 가서 자."

오 마이 갓. 나는 아파 죽겠는데 아내는 여전히 냉정하고 이성적이다. 그때 내가 검사를 받지 않고 그대로 집에 가서 아내에게 하소연이라도 했다면 어떻게 됐을까? 우리 딸과 아들, 아내까지 모두 감염되지 않았을까? 그때는 아내가 냉혈한처럼 보여 원망했지만, 사실 아내가 냉정하게 바라본 건 내가 아니라 코로나바이러스였다는 생각이 든다. 그리고 코로나19 앞에 냉정하고 이성적이었던 아내의 판단이 우리 가족을 구했다.

의사가 들어왔다. 의사가 아니라 간호사인가? 아니면 인턴인가? 정체불명의 의료진이 몇 가지 질문을 하고 바로 나간다. 잘 생각해보니 인턴이 처방 전 질의응답을 위해 들어온 것 같다. 또 기다린다. 몸이 더 떨린다.

드디어 진짜 의사가 들어왔다. 검사도구를 가지고 들어오는 것을 보니 의사가 틀림없다. 의사에게 기침과 함께 나온 땅바닥에 떨어져 있는 크고 굵은 가래를 보여주었다. 의사는 고개를 갸우뚱하고 쳐다보더니 아무 말이 없다. 그러고는 검사장비를 꺼내 예고도 없이 코 안에 검사도구를 넣고 가차없이 후벼대기 시작했다. 코로나 진단을 위한 핵산검사를 하는 것이다. 난 비명을 지르면서 속으로 '역시 그냥 집에 갔어야 했어!'라고 절규했다.

검사받은 방을 나와서 천막으로 돌아가 계산을 하고, 약을 받았다. 꽤 비싸다고 생각했지만, 이의를 제기하지 않고 바로 떠났다. 약이 많았다. 해열제, 항생제, 소화제, 항바이러스제, 기침약 등……

그리고 아내의 의견을 존중해 부모님 댁으로 갔다. 하와이에서 떠날 때는 부모님과 인사도 제대로 못했고, 겨우겨우 귀국해서도 서울에 있는 가족들과 만나지도 못하고 혼자 쓸쓸한 밤을 보내야 하다니. 세상에서 제일 처량한 사람이 된 기분이 들었다. 나는 이것이 앞으로 다가올 고통과 공포의 서막에 불과하다는 사실을 예상치 못한 채 괴로워하고 있었다.

결과는 내일 아침에나 나온다는데, 만약 양성 판정이 나오면 어떻게 하나? 설마 그렇지는 않겠지, 짐짓 낙관하면서도 속으로 여러 가능성을 타진해본다.

'건강한 사람들은 대부분 중증으로 가지 않는다고 하니 괜찮겠지? 조금 앓고 나면 항체도 먼저 생길 테니 잘된 일인지도 몰라!'

터무니없는 위로를 나 자신에게 건네며 잠을 청했다.

아침에 일어나보니 열도 더 나는 것 같고 얼굴도 부어올랐다. 약을 복용하기 전에 무엇인가 먹어야 한다는 생각에 부엌으로 갔다. 내가 학창 시절 좋아했던 짜파게티를 찾아 끓여먹었다. 그리고 약도 복용했다.

전화가 왔다. 병원인지 질병관리본부인지 구청인지 시청인지 모른다. 어쨌든 그냥 감염 여부를 판정하는 기관일 것이라 짐작하고 떨리는 마음으로 전화를 받았다.

친절한 목소리의 여자분이 나지막한 목소리로 말했다.

"어제 코로나 검사에서 양성 판정이 나왔습니다."

눈앞이 짜파게티보다 더 새카맣게 변했다. 어제 혼자 해봤던 긍정적인 생각은 수증기처럼 날아갔다. 죽을지도 모른다는 위압감이 들었다.

그때부터 시작해 양성 통보 후 네 시간 만에 앰뷸런스가 와서 나를 병원으로 데려갈 때까지 한 행동에 대해서는 제대로 된 기억이 없다. 순서도 뒤죽박죽이다. 마치 술에 취해 기억이 안 나는 것과 비슷하다.

아내와 통화했다. 아내가 음식을 가져다 문밖에 두고 갔는데, 그것이 대략 언제쯤인지도 잘 모르겠다.

다만 기억나는 것은 몇 군데서 전화가 왔던 것이다. 이동동선 역학조사였다.

내가 공항에서 어디에 들렀고 누구를 만났는지 물었고 나는 자세히 설명해주었다. 사실 만난 사람도 없고 들렀던 곳도 없어서 그다지 털어놓을 것이 없었다.

내 신용카드 번호를 달라고 했다. 당국에서 핸드폰과 신용카드 사용기록을 추적한다고 했다. 나의 동선을 파악하기 위해서일 것이라 생각했다. 그러고는 갑자기 내 사진을 하나 보내달라고 했다. 깜짝 놀라 그게 왜 필요하냐고 반문했더니 CCTV를 통해 내 동선을 확인하기 위해서라고 했다. 갑자기 화가 치밀었다. 내 말을 못 믿는다는 말인가? 설령 그렇다고 해도 핸드폰과 신용카드로 충분하지 않나? 무슨 근거로 그렇게 많은 개인정보를 달라고 하는 것인가.

나중에 안 사실이지만 2016년 메르스 사태를 겪으면서 감염병예방법이 만들어져 정부에서 합법적으로 개인정보를 수집할 수 있게 되었다고 한다. 나는 이러한 법이 만들어질 때 인권적 측면을 충분히 고려했는지 의문이 들었다. 아마 그러지 않았을 것이다.

하지만 그 순간 나는 아무런 대응이나 반론을 제기하지 못했다. 당장 너무나 두려웠고 빨리 병원에 가서 치료를 받아야 하는데, 만약 불손하게 대응했다가 병원에도 못 가면 어쩌나 위축되었기 때문이다.

소위 인권 전문가라는 사람도 이런 공포감이 먼저 드는데,

일반인들이 이런 상황에서 개인정보를 수집하는 것에 대해 동의하지 않을 수 있을까. 개인정보 수집에 동의하는 절차는 아무 의미 없는 요식행위라는 생각이 들었다.

병원에 입원하고 며칠 후 친구에게서 전화가 왔다.

"혹시 너 코로나 걸렸니?"

깜짝 놀라 어떻게 알았냐고 했더니 신문에서 봤다고 한다. 인터넷을 검색해보니 신문에 이런 보도가 나와 있었다.

"22일 해외에서 귀국하자마자 서울 종로구 소재 강북삼성병원에서 신종 코로나바이러스 감염증 확진 판정을 받은 성북구 거주자는 60대 교수로 확인됐다."

내 지인이라면 그 확진자가 나라는 사실을 금방 알아낼 수 있는 정보다. 성북구청 홈페이지를 찾아 들어가보니, 내 나이, 성별, 동선뿐 아니라 종로구 부모님 댁에서 하룻밤을 보낸 사실까지 적혀 있었다. 그 기사를 쓴 기자는 내가 교수라는 걸 어떻게 알았는지 모르겠지만, 사실 이 정도면 내가 누구인지 다 알려준 것이나 다름없다. 만약 내가 남에게 공개하고 싶지 않은 장소에 들렀다면…… 아찔한 일이다.

코로나 사태 초기, 우리는 방역을 핑계로 누군가의 동선과 사생활을 속속들이 훔쳐보았다. 한 사람의 소중한 개인정보와 일상이 욕과 비난, 동정과 연민의 탈을 뒤집어쓰고 전시되었다. 사람들은 어떤 확진자의 동선을 보고는 '불륜 코스'라며 낄낄거렸고, 집과 학교, 집과 회사만을 오간 사람의 동선은 불쌍하기 짝이 없으니 이런 사람은 빨리 완쾌했으면 좋겠다며 선의를 가장해 한 인간의 평범하지만 고귀한 생활을 동정했다.

나는 지금도 왜 이렇게 자세한 정보가 공개되어야 하는지 모르겠다.

코로나19 초기 확진자는 환자가 아니라 죄인이었다. 자신의 모든 동선과 사생활이 만천하에 공개되어 그들은 망연자실했다. 나 역시 그랬다.

코로나 사태 초기,
우리는 방역을 핑계로 누군가의 동선과
사생활을 속속들이 훔쳐보았다.
한 사람의 소중한 개인정보와 일상이
욕과 비난, 동정과 연민의 탈을 뒤집어쓰고
전시되었다.
나는 지금도 왜 이렇게 자세한 정보가
공개되어야 하는지 모르겠다.

3부

음압병실의 모르모트
-병원 격리

음압병실의
모르모트

인권의 최소 조건

앰뷸런스가 집 앞에 왔다. 내가 죽을병에 걸린 사람처럼 느껴졌다. 운전기사와 간호사 모두 방호복을 입고 있었다. 아내와 딸, 아들이 멀리서 나를 배웅하러 왔다. 손을 흔들어주고 차에 올라탔다. 감옥에 끌려가는 사람들이 이런 심정이겠구나 싶었다.

간호사는 몇 가지 질문을 하고, 저 사람들은 누구냐고 물어봤다. 가족들이라고 했더니 밀접접촉자로 분류해서 검사해야 할 것 같다는 식으로 말했다. 나는 귀국 후 접촉이 일절 없었고 멀리서 인사만 했다고 했으나, 의심하는 것 같았다. 확실한 조사와 철저한 방역을 위해서는 의심하는 것이 당연하다. 하지만 나는 기분이 좋지 않았고, 역학조사란 정말 어려운 것이로구나 생각했다.

나중에 들었지만 부모님 댁에는 구청에서 두 번이나 나와서 집 전체를 소독했다고 한다. 내게 집안 어디어디를 갔느냐고 물었는데, 자세히 기억이 안 난다고 했더니 집 전체를 구석구석 소독했다. 모든 확진자들의 체류 장소를 이렇게 일일이 소독하려면 얼마나 많은 인력과 비용이 들 것인가 생각하니 아득해졌다.

병원에 도착하니 방호복을 입은 많은 사람들이 기다리고 있었다. 마치 어렸을 때 영화에서나 보던, 다른 혹성에서 온 사람들 같았다. 그들은 나를 데리고 방으로 들어가 엑스레이와 CT촬영을 했다. 폐렴이 있는지를 보기 위한 것이라고 했다. 검사가 끝난 후 나는 병실로 갔다.

음압병실이라는 곳에 처음 들어왔다. 들어보긴 했지만 어떤 곳인지는 잘 모르고 있었다. 음압병실은 내부에 있는 감염성 바이러스가 밖으로 유출되지 않도록 특별히 만들어진 병실이다. 창문을 열 수가 없고 입구도 이중문으로 되어 있어 바깥은 쳐다보기도 어렵다. 음압기 소리가 끊임없이 소음을 만들어낸다. 그곳에 있으면 밖에서 무슨 일이 일어나고 있는지 항상 궁금하다. 의사 선생님이나 간호사 선생님이 언제 들어올지 목을 빼고 쳐다보게 된다.

첫날밤, 가슴이 조여오고 숨이 막힌다. 입원할 때 찍은 CT 사진에서 약간의 폐렴이 보인다고 했는데, 과연 폐렴이 악화된 것일까? 불안했다. 다음날 아침 의사 선생님은 CT 사진에서 약간의 폐렴이 보이지만, 엑스레이에는 보이지도 않을 정도로 경미하다고 말한다. 하지만 나를 위로하기 위해 하는 말처럼 들렸다. 이제까지 해왔던 긍정적인 생각은 없어졌고 불안만 가득했다.

식사는 먹은 후 다 폐기할 수 있도록 일회용 식기에 나온다. 사실 이 방에서 나오는 쓰레기는 모두 폐기물로 취급해 비닐봉지에 싸서 통째로 버린다. 하루면 두 개의 큰 통을 꽉 채워서 밖으로 내보낸다. 환경을 생각하면 너무 심한 낭비라는 생각이 들었지만, 바이러스를 차단하기 위해서는 피할 수 없는 선택일 것이다.

식사는 이틀 동안 거의 하지 못했다. 입에 들어가지를 않는다. 몸도 아픈데 후각과 미각이 사라져 맛도 느끼지 못하고, 음식 자체를 목에 넘기기도 어렵다. 아무 냄새도 못 맡는데, 속에서는 구역질이 올라온다.

수액을 맞기 위해 주삿바늘을 혈관에 꽂았다. 이 바늘로 여러 가지를 한다. 피검사를 하기 위해 혈액을 뽑고, 주사도 놓는다. 바늘을 꽂아놓은 부분이 점점 부어오르고 아팠다. 간호사는 친절하게 다시 주삿바늘을 꽂아주었다. 방호복 차림에 위생용 장갑을 끼고, 그 위로 또다시 비닐장갑을 낀 채 주삿바늘을 잡는 것은 무척 힘들어 보였다. 고글 사이로 땀방울이 보였다.

간호사는 나에게 지속적으로 수액과 항생제를 투입할 거라고 했다. 아마도 폐렴 때문일 것이라 생각했다.

바이러스가 몸에 확산되는 것을 막기 위해 '칼레트라'라는 에이즈 치료제를 처방해주었다. 한 번 복용하고부터 복통이 시작되었고 두번째 먹으니 설사를 심하게 한다. 먹은 것도 없는데 웬 설사? 나중에 알려진 사실이지만 칼레트라는 코로나19 치료에 거의 효능이 없는 것으로 판명되었단다. 누구도 잘 모르는 병이기에 이것저것 투약해보았을 뿐이다. 처음에는 '하이드록시클로로퀸'이라는 말라리아 치료제를 사용했는데, 별로 도움이 안 되는 것 같아 칼레트라로 바꾸었다고 의사는 설명했다. 마치 내가 실험용 쥐 '모르모트'가 된 것 같았다.

따사로운 햇살이 방안으로 들어온다. 창밖에 보이는 벚나무에 꽃이 아름답게 피어 있다. 나는 방이 너무 더워서 바깥 기온도 높은 줄 알았다. 하지만 바깥공기는 아직 차가웠고, 시민들의 마음 역시 추웠을 것이다. 바깥에 있는 사람들 역시 벚꽃이 피었어도 구경하지 못하고 꽃놀이는 TV로나 해야 했다. 코로나19는 나 같은 환자뿐만 아니라 모두에게 고통을 주었다. 아이러니하게도 벚꽃이 이렇게 예쁜지 나는 처음 알았다.

방은 너무나 건조했다. 환기도 전혀 안 되는 것 같았다. 그래서 숨쉬는 것이 더 어렵게 느껴졌다. 간호사에게 가습기와 공기청정기를 사용할 수 있는지 물어보았다. 하지만 음압병실에서는 바이러스 관리 때문에 공기청정기나 가습기 사용이 불가하다고 했다. 내 나름의 미봉책으로 수건을 물에 적셔서 침대에 널어놓으면 두 시간이면 바짝 말랐다.

첫날밤부터 먹지도 못하고 배는 뒤틀리는데, 잠도 오지 않는다. 한 시간 자고 나면 깨고, 다시 뒤척이곤 했다. 돌아버릴 것 같았다. 머리가 조여오고 몸은 쑤시고, 정신은 몽롱하고 온 세상이 뱅글뱅글 돈다. 먹는 것도 없는데 계속 설사를 한다. 살은 점점 빠지는 것 같았다.

먹고 자고 싸고…… 사람에게는 이 세 가지가 너무 중요하다는 생각을 했다. 그렇게 하면 사는 것이고 행복한 것이다. 그걸 못해서 죽을 것 같으니 그 중요함을 알겠다. 대한민국에 이 세 가지를 못하고 사는 사람은 드물 것이다. 그런데 왜 그렇게 서로 못 잡아먹어 싸우고 난리들인지…… 아파보니까 이 세 가지 이외의 것은 다 덤일 뿐이지 필수적이지 않다. 공기의 고마움을 모르고 엄마의 고마움을 모르고 사는 것과 같은 이치일 것이다. 그저 먹고 자고 싸고 살아가는 것…… 이걸 간절히 하고 싶어진다. 다시 살아나면 소소한 일상에 행복을 느끼면서 살자, 다른 욕심은 부리지 말자, 이걸 못하는 사람들을 위해서 더 열심히 살자…… 이렇게 생각하며 며칠을 보냈다.

한국 밖의 세상에서는 먹고 자고 싸고 이 세 가지를 못하고 사는 사람들이 너무도 많다. 우리는 그들의 고통에 대해 얼마나 생각하며 살고 있는가. 인간이라면 적어도 이 세 가지를 편안히 할 수 있도록 다 같이 노력하는 일이 바로 인권운동의 기본이라는 생각이 들었다. 앞으로 나는 이것을 이루기 위해 노력하며 살리라 다짐했다.

먹고 자고 싸고……
사람에게는 이 세 가지가 너무
중요하다는 생각을 했다.
그렇게 하면 사는 것이고 행복한 것이다.
그걸 못해서 죽을 것 같으니
그 중요함을 알겠다.
인간이라면 적어도 이 세 가지를
편안히 할 수 있도록 다 같이 노력하는 일이
바로 인권운동의 기본이라는
생각이 들었다.

24시간 감시카메라에 걸리다

CCTV와 블랙박스의 나라

며칠 동안 어지럽고 힘도 없어서 일어나지 못하고 계속 누워만 있었다. 다행히 열이 떨어지기 시작했고 의사는 잘 회복되고 있다며 걱정하지 말라고 한다. 체중은 좀 줄었지만, 이젠 음식도 잘 들어가고 대변도 정상이 되었다. 혈압, 산소포화도 모두 정상이다.

하지만 두려움은 없어지지 않는다. 매일 쳐다보는 조그만 TV 속 뉴스에는 공포스러운 얘기만 들린다.

'코로나 바이러스는 완치되어도 여러 장기를 영구적으로 손상시킨다.'

'에이즈처럼 완치되었다가도 잠복해 있다가 다시 살아나는 무서운 병이다.'

'다 나았다가도 2주 만에 다시 상태가 악화되어 재입원하는 환자들이 많다.'

'얼굴이 완전히 검게 변했다.'

두려운 뉴스들만 귀에 들어오는데, 다음 뉴스에서 또 코로나 관련 뉴스만 기다린다.

한편 회복기에 들어선 나를 제일 괴롭게 하는 것은 무엇보다도 몸살 기운이었다. 다 정상으로 돌아왔다고 하는데도 수시로 몸살이 심하게 온다. 어지럼증도 같이 온다. 뉴스 속 말마따나 퇴원 후에도 이러면 어떻게 사나 절망감이 밀려온다.

간호사에게 약을 부탁하지만, 주지 않는다. 열이 없는 상태에서 약을 먹으면 열이 나는지 확인할 수가 없기 때문에 먹지 않는 것이 좋다고 권고한다. 동의는 하지만, 나는 힘들었다.

귀국할 때 들고 있던 가방 속 타이레놀이 생각난다.

뉴스에는 비행기 안에서 타이레놀을 먹고 열이 나지 않는 상태에서 귀국한 미국 유학생 얘기가 나온다. 나중에 코로나에 감염되었다는 것이 밝혀지자, 타이레놀을 먹은 그 학생은 국민적 지탄의 대상이 되었다.

나는 그 학생에게 무슨 잘못이 있는지 잘 이해할 수 없었다. 누구나 몸이 아프면 견디기 힘들어 약을 먹지 않는가? 설마 그 학생이 코로나 감염 사실을 알고도 일부러 숨기기 위해 타이레놀을 먹었을까? 그러지는 않았을 것이다. 하지만 언론, 정부, 시민들은 일제히 그 학생을 비난했다.

나는 다시 가방을 쳐다본다. 저 안에 타이레놀이 있다. 저것을 먹는 것이 죄인가?

천천히 가방을 열고 타이레놀을 꺼내본다. 먹을까 말까 고민하며 한참을 앉아 있었다. 늘 먹는 약인데 딱히 문제될 게 있을까?

유학 시절 나는 잦은 두통 때문에 타이레놀을 자주 먹었다. 내 박사학위 지도교수는 타이레놀은 간을 해치는 약이라고 절대 먹어서는 안 된다고 늘 얘기했다. 나는 누구나 먹는 약이고 또 효과가 탁월한데, 큰 부작용이야 있겠나 싶어 무시했다. 유럽에서는 타이레놀 서방정이 판매금지되어 있고, 언젠가는 국내에서 어린이 타이레놀에 문제가 발견되어 판매금지 조치가 내려진 적도 있다. 너무 유명해서 사람들이 수시로 문제삼기도 하지만, 그러다가도 다시 이렇게 많이 판매되는 약이라는 것은 그 유용성과 안전성이 입증된 것이라고 나는 생각했다.

음압병실에 갇힌 나도 고민 끝에 타이레놀을 먹기로 결정하고 약을 까기 시작했다. 잘 까지지가 않는다. 이리저리 해보고 있는데 갑자기 벽에서 사람 목소리가 들린다.

"환자님, 그 약 드시면 안 돼요!"

앗, 깜짝이야!

확성기가 켜지며 소리가 크게 울렸고 나는 소스라치게 놀랐다. 나는 감시당하고 있었던 것이다. 다시 죄인이 된 느낌이 들었다. 하루는 매일 침상에서 식사하는 것이 힘들어서 도시락을 들고 다른 침대에 걸터앉았다. 그때 병실에는 나 혼자 있었지만 원래는 6인실이라 사용하지 않는 침대가 많았다.

갑자기 또 확성기가 울린다.

"그 침대에 앉으시면 안 됩니다!"

나는 끊임없이 감시당하고 있었다. 24시간 감시는 감염병 병실에서 환자 관리에 매우 중요한 일이라고 생각하지만, 정말 이런 방법밖엔 없을까. 중증도 아닌 경증의 환자들, 혹은 무증상의 환자들도 다 하루종일 꼬박 감시해야 할까. 병원 모든 곳에 감시카메라가 설치되어 있었다.

하지만 바깥도 크게 다르지는 않을 것이다. 특히 우리나라에는 감시카메라가 유독 많이 설치되어 있다. 범죄자를 추적하기에는 최적이다. 요즘은 자동차마다 블랙박스도 설치되어 있어서 그것을 잘 활용하면 거리에 다니는 사람의 동선을 싹 다 파악할 수 있을 것이다. 모두가 소지하고 있는 핸드폰을 이용해서 디지털과 GPS 기술로 위치 추적까지 하면 범죄자가 숨을 곳은 별로 없다.

반면 미국이나 유럽에서는 자동차에 블랙박스를 그리 많이 설치하지 않는다. 안전보다 개인정보가 더 중요해서 그럴 것이다. 유럽의 근대에는 국가의 간섭을 피해 개인의 자유를 쟁취하려는 긴 투쟁의 역사가 있다. 거대한 국가의 감시로 인해 개인의 자유가 희생된 경험이 깊이 자리매김하고 있다. 한국은 상대적으로 그 기간이 짧다. 민주화투쟁도 주로 군부독재에 대한 저항이었지 추상적인 국가의 통제를 벗어나려는 운동은 아니었다.

아마도 국가와 문화마다 각각 다른 특성이 있고, 그에 따라 제도가 만들어진다고 설명할 수 있을 것이다. 한편 부작용은 언제나 문제되기 마련이다. 범죄자를 효과적으로 검거할 수 있다는 확실한 효과를 위해 치러야 할 대가는 개인의 자유가 침해당하는 일일 테다. CCTV와 블랙박스의 나라 한국에서 개인의 사생활은 얼마나 보호되고 있을까.

우리는 가정집에도 감시카메라를 많이 설치한다. 아기가 있는 집들은 돌보미를 고용하고 감시카메라를 통해 아이들의 모습을 지켜본다. 일터나 회사에서도 감시카메라를 설치한다. 특히 어린이집에서는 감시카메라를 의무적으로 달게 되었다. 몇 년 전 일부 어린이집 교사가 아이들을 학대하는 동영상이 공개되어 사회적인 파장을 일으킨 이후에 이러한 입법이 시행된 것이다. 우리는 이 과정에서 돌보미, 노동자, 어린이집 교사의 사생활 보호권에 대해 생각해본 적이 있는가. '안전'이라는 완고한 목적 아래 인권이라는 또다른 측면은 아예 고려하지 않은 것은 아닌가.

확성기 소리에 몇 차례 깜짝깜짝 놀란 이후, 나는 아파서 돌아눕거나 좁은 병실을 왔다갔다하다가도 괜스레 카메라의 눈치를 보게 되었다.

견딜 수 없는
고립감 속에서

내가 잊었던
가장 소중한 인권

입원하고 며칠 지났는데, 계속 아프다. 조금 나아지는 듯 하다가도 다시 아파지는데, 그때마다 이제 정말 중증으로 가는 게 아닌가 걱정된다. 독감으로 인한 몸살도 비슷하게 아프기는 하지만, 내가 죽을 거란 생각은 들지 않는다. 하지만 코로나바이러스에 감염되어 격리되어 있으면 죽을 수도 있겠구나 싶어서 겁이 난다.

어느 날 밤, 여전한 아픔과 불면증으로 잠들지 못하던 중 무심코 핸드폰을 들었다. 고통에 시달리며 '이 고비를 넘기지 못하고 정신을 잃으면 그냥 죽는 것이구나……' 생각하던 차에, 둘째딸이 카카오톡 채팅방에 들어왔다. 딸에게 메시지를 썼다.

"아빠가 이러다 죽으면 슬퍼하는 사람들이 있을까?"

"무슨 소리야, 우리가 아빠를 얼마나 사랑하는데."

갑자기 무한한 사랑이 느껴졌다. 가족끼리 하는 흔한 말이지만, 그 순간 그 메시지 한 줄에서 우리 가족에게 내가 소중한 사람이라는 것을 실감했다. 어떻게든 이겨내고 살아야 한다는 생각이 들었다. 나는 아픈 몸을 일으켜 병실 안을 걷기 시작했다.

둘째딸은 어려서부터 뭐든지 잘하는 아이였다. 노래도 잘하고, 그림도 잘 그리고, 운동도 잘했다. 당연히 공부도 잘했다. 지는 것을 싫어해서 다섯 살이나 위인 언니에게 뒤처지는 것도 견디지 못했다.

돌이켜보면 나는 젊은 사람들의 입장을 잘 이해하고 뭐든 앞서가는 진보적인 사람이라고 생각했다. 그러나 아이들을 키우는 데는 그렇지 못했던 것 같다. 형제들 사이에도 위계질서가 필요하다고 생각했고, 언니에게 도전하는 둘째의 모습을 좋게 보지 않았다. 언니가 우선이고 권위가 있어야 한다고 생각했다. 그러다보니 늘 둘째딸을 야단치곤 했고, 첫째딸 편을 들기 일쑤였다. 무척 다행인 것은 내 아내는 둘째 편이었다는 것이다. 내가 보기엔 아내가 둘째를 편애하는 것으로 보였지만, 아내 눈에는 내가 첫째를 편애하는 것으로 보였을 것이다.

생각해보면 나는 둘째에 대한 기대가 컸을 뿐만 아니라, 그 아이의 미래 모습을 그려놓고 그대로 커주기를 원했던 것 같다. 조금이라도 그 기대에 미치지 못하면 내 성에 차지 않았던 것이다. 자유롭게 키운다고 말하면서도 실제로는 그렇게 하지 못했다. 딸의 마음을 공감해주지도, 이해해주지도 못했다. 하지만 항상 사랑했기에, 그 딸이 결혼하던 날 나는 눈물을 흘렸다.

그런 딸이 이렇게 진정으로 나를 생각해주고 있다는 것을 깨닫는 순간, 이것이 행복이라는 사실을 알았다. 사랑하는 가족에게 큰 기대를 거는 것, 나에게 뭔가 해주기를 바라는 것, 내가 원하는 것을 해달라고 요구하는 것…… 이런 것들은 다 필요 없다는 생각이 들었다. 가족은 그냥 서로 사랑하는 사이이다. 건강한 것만으로 충분히 행복하다.

아들도 마찬가지다. 아이는 어려서부터 수학을 잘했고 과학자가 되고 싶어했다. 나는 어느새 이 아이가 과학자가 된 모습을 그려놓고 그렇게 실현될 거라고 믿기 시작했다. 자유롭게 살란 말 뒤에 숨은 기대는 항상 아이에게 부담이 됐을 것이다. 어쩌면 아버지가 교수라는 그 자체가 아이에겐 부담이었을지 모른다. 유난히 말이 없는 아들에게 나는 가끔 꼬치꼬치 묻는다. 대답을 잘 안 하고 나와 인생에 대해 얘기하지 않는 것이 답답했다. 하지만 이제는 건강하게 자라 우리와 함께 있는 것만으로 충분하다.

큰딸은 몇 년 전 결혼하여 이제 아이 둘을 낳아 육아에 열중하고 있다. 시대를 막론하고 부모는 아이들을 어떻게 키워야 할지 끊임없이 고민한다. 특히 우리나라처럼 학구열이 높아 유치원 때부터 일찌감치 과도한 공부를 시키는 나라에서 아이들 교육 문제는 부모에게 고통스럽기까지 한 일이다.

나는 늘 딸에게 아이들에게 지나치게 공부 공부 할 필요는 없다고 말해준다. 공부 스트레스에 찌드는 것보다 자유롭게 자라도록 그냥 두라고 한다. 하지만 엄마 마음은 조금 다를 것이다.

사실 우리 어머니가 그랬다. 교육에 극성이었다. 공부를 많이 시키셨고 내가 항상 1등 하기를 기대하셨다. 다행히 나는 잘 컸지만 그런 교육방식이 꼭 옳은 것은 아니라고 생각했다. 내 교육철학을 늘어놓다보면 우리 딸은, 할머니가 그렇게 공부시켜서 아빠는 잘 성장했는데, 왜 자기는 공부만 하진 말라 하냐고 묻는다. 할말이 없다. 사실 교육에는 정답이 없다. 모든 사람들은 주어진 환경에 따라 다 다르게 성장하고 교육받을 것이다. 하지만 모든 가족은 서로 사랑하는 사이이다. 그것에는 언제나 변함이 없다.

확진 판정을 받고 병원에 입원했을 때, 내 아버지, 어머니의 걱정과 근심은 상상 이상이었다. 문자메시지에 그 사랑이 고스란히 담겨 있었다. 자녀에 대한 부모의 내리사랑은 무조건적이고 무한하다. '사랑은 주는 것이지 받는 것이 아니다'라는 명제를 실제로 깨닫는 데 너무 오랜 시간이 걸렸다. 나는 내가 이렇게 성장한 것은 어머니의 교육열 때문이 아니라, 어머니가 나에게 주신 무한한 사랑 덕분이라 믿는다.

아내와는 대학 시절에 만나 졸업 후 결혼했고, 같이 유학을 갔다. 나보다 훨씬 공부도 잘했고 훌륭한 교수가 될 것이라고 생각했다. 하지만 출산과 육아로 공부를 포기하고 30년 이상 우리 가족을 보살피면서 살아왔다. 나와 우리 가족이 모두 건강하고 행복하게 살 수 있도록 지탱한 일등공신이다. 코로나 감염 경험은 아내에 대한 고마움과 사랑을 사무치게 일깨워주었다.

코로나에 감염된 후 가족이 모두 모였다. 결혼해서 홍콩에 가 있던 둘째딸이 귀국했고, 미국에 유학 가 있던 아들도 들어왔다. 두 딸이 결혼하고 아들은 유학을 떠나고, 아내와 둘이 적적한 집에서 어떻게 지내야 하나 걱정했는데, 계획을 세우기도 전에 가족이 다시 모였다. 코로나19의 긍정적 측면인지도 모르겠다.

다행히 나는 건강을 회복하고 살아났지만, 사람은 언젠가 다 죽는다. 내 생명은 조금 더 연장되었을 뿐이다. 살아 있는 시간은 어차피 길지 않다. 찰나이다. 내가 꼭 해야 할 일이 무엇일까 원점에서 생각해본다.

역시 가장 중요한 것은 내 가족이다. 내가 하는 다른 일들은 다른 사람이 해도 되지만, 아들로서의 나, 아버지로서의 나, 남편으로서의 나는 다른 사람이 대체할 수 없다. 나의 어머니, 아들딸, 아내에게는 내가 매우 소중하다. 나는 혼자가 아니고 그들의 한 부분이다. 그래서 사랑할 수밖에 없다. 사랑하는 사람들에게 이기심을 발휘할 이유가 없다. 화낼 이유가 없고 내가 나 자신을 위하듯 그들을 위해주어야 한다.

물론 더 크고 넓게 생각해보자면, 인류 모두가 이웃이고 나의 일부일 것이다. 하지만 사람에게는 이기심과 이타심의 본성이 동시에 존재하기 때문에 이 거대한 세계의 갈등을 혼자 온전히 책임지고 해소하며 살 수는 없다.

'수신제가 치국평천하修身齊家 治國平天下'라는 말이 문득 떠오른다. 국가와 세계보다 더 중요한 것이 나와 나의 가족이다. 그동안 나는 너무 큰 대의를 생각하느라 나의 가족을 소홀히 했다. 내가 나를 소중히 여기며 가족과 화목하게 지내는 것이 가장 중요하고, 그다음은 덤으로 얻는 것이다. 남을 위해 살기 위해서는 먼저 나를 위해 살아야 한다.

세계의 고통받는 사람들, 편들어줄 이 없는 약자들을 알아보기 위해 눈을 크게 뜨고 보폭을 넓힌답시고, 정작 나는 내 곁에 있는 가족의 소중함에 눈감고 있었는지도 모른다. 인권 역시 나와 가족의 존엄성을 소중히 여기는 데서부터 출발해야 한다.

"아빠가 이러다 죽으면
슬퍼하는 사람들이 있을까?"
내가 나를 소중히 여기며 가족과 화목하게
지내는 것이 가장 중요하고,
그다음은 덤으로 얻는 것이다.
인권 역시 나와 가족의 존엄성을 소중히
여기는 데서부터
출발해야 한다.

벽에 말 걸기
공포

정신질환에 대한 편견

우리는 어떤 패턴을 가지고 살면서 특정한 기억을 남긴다. 매일 같은 시간에 같은 행동을 하면서 루틴에 익숙해지기도 하고, 그러다 종종 특별한 경험으로 추억을 남긴다.

병원에서는 매일 8시 1분에 시계를 봤다. 8시는 아침밥이 들어오는 시간인데, 항상 아주 조금씩 늦게 아침이 들어온다. 그 순간 전자시계를 보면 꼭 '08:01'이라는 숫자가 떴다.

중학교 2학년 때 아버지가 처음으로 전자시계를 사주셨다. 엄청난 선물이었다. 시곗바늘이 뱅글뱅글 돌며 숫자를 가리키지 않고, 정확한 디지털 숫자로 시각을 보여주는 물건은 당시 매우 신기한 것이었다. 학교 끝나고 과외공부를 가는 길, 장충단공원을 지날 때 시계를 쳐다보면 늘 5시 26분이었다. 5월 26일, 내 생일과 같은 숫자이다. 매일 그 시간이면 자동적으로 시계를 본다. 그러면서 내 생일을 되새긴다. 그 전자시계의 숫자 '05:26'은 내 마음속에 영원히 새겨진 사진이다.

이런 추억을 떠올리면서 동물처럼 식사 시간만 기다리는 내가 처량했다. 음압병실이라서 모든 쓰레기를 소각해야 하기 때문에 식사는 일회용 도시락으로 나온다. 도시락업체가 예정 시간보다 일찍 오는 일은 없기 때문에 아침식사가 조금씩 늦어지는 거라고 한다. 불면증 때문에 병실에선 새벽 3시면 일어나는데, 8시까지 기다리는 시간은 너무 길다. 저녁식사를 저녁 6시에 했으니 깨어서 오전 8시까지 기다리자면 배가 무척 고프다. 그러다 배고픔과 지루함 끝에 시계를 보면 영락없이 08:01이었던 것이다. 05:26처럼 08:01도 내 머릿속에 각인된 숫자가 되었다.

이런 처량한 기억도 먼 훗날 좋은 추억이 될까.

아침식사를 하고 나면 매일 오전 정신의학과 과장님이 전화를 걸어온다. 병원에 입원중인 코로나19 환자들 가운데 정신질환에 시달리는 사람들이 많아서 매일 상담을 진행한다고 한다. 메르스가 확산되던 시절 이런 방식이 도입됐고, 환자들에게 꽤 도움이 되어서 지금도 계속한다고 했다. 선생님은 가슴 답답함과 어지럼증이 코로나 감염의 증상이라기보다는 심리적인 측면이 많기에, 내 정신 상태를 계속 모니터링한다고 했다.

의사 선생님은 매우 친절하고 꼼꼼하게 상담한다. 어떤 때는 많은 시간을 따로 내주었다. 바쁜 의사 선생님이 환자들을 일일이 정성껏 챙기는 모습이 존경스러웠다. 우리나라의 의료 수준뿐만 아니라 정신과 의사 선생님의 훌륭한 인내심과 진료 실력에도 감탄했다. 나는 그 정신의학과 선생님이 한없이 고마웠고, 그의 도움 없이는 회복이 불가능했으리라 생각한다.

그러던 어느 날 답답해하는 내게 아내가 메시지를 보냈다.

"벽에다 말을 해봐. 트위터에서 봤는데, 프랑스에서는 자가격리 기간이 길어지면서 정신과 상담을 요청하는 사람들이 많아지고 있대. 자가격리중에 벽이나 식물에게 말을 건네는 정도는 괜찮대. 근데 말을 걸었을 때 벽이나 식물이 대꾸하면 진료를 받아야 하는 거래."

벽에다 말을 건네보았다. 다행이다. 벽이 답하지 않는다.

혼자 껄껄대고 웃는다.

이 프랑스 사례를 소개한 트윗글의 답글은 나를 슬프게 했다.

"고양이가 대답하면요……?"

우리는 모두 약간씩의 정신질환을 가지고 산다. 정신질환은 불치병도 아니고 특정인에게만 나타나는 병도 아니다. 나도 병원에서 정신질환이 생겼고, 약을 처방받아 복용했다. 많은 코로나19 환자들이 그랬으리라 생각한다. 실제로 코로나에 감염되었다가 완치된 사람들 중에도 정신질환으로 고생하는 사람들이 많다고 한다. 하지만 바깥에서 정신병 얘기는 하지 않는다. 아마 사람들의 시선 때문일 것이다. 코로나에 감염된 것도 말하고 싶지 않은데, 정신질환이 생겼다는 것까지 말하면 사람들이 어떻게 볼까 두려운 것이다. 이렇게 되면 당연히 병원에도 가지 않는다.

우리 사회는 정상과 비정상을 너무 경직되게 규정하고 정상의 범주에서 벗어나는 사람들을 철저히 배제한다. 그러나 우리 모두는 소수자가 될 수 있다. 남에게 배제당하고 조롱거리가 된다면 그 기분이 어떻겠는가. 그들의 입장에서 한 번이라도 생각해보았는가.

얼마 전 한 의사로부터 우리나라의 자살률이 높은 이유가 정신과 진료를 잘 받지 않으려는 분위기 때문이라는 얘기를 들었다. 한국에서는 정신과에 가는 것이 곧 정신력과 의지력 부족으로 여겨지는 분위기가 있는데다 정신과 약을 처방받기도 쉽지 않다. 정신질환 환자에 대한 사회의 따돌림, 배려심 부족이 높은 자살률의 한 축이라는 것이다.

코로나19 치료 기간 나는 바깥도 내다보기 힘든 음압병실에서 격리되어 있었다. 몸도 아팠지만, 무엇보다 죽을지도 모른다는 공포와 내 곁엔 아무도 없다는 압도적인 고립감에 시달렸다. 이 상황에서 마냥 밝고 긍정적인 생각만 할 수 없는 게 당연하지 않겠는가. 다행스럽게도 퇴원하는 날까지 벽이 먼저 내게 말을 걸거나 대꾸하는 일은 없었지만, 나는 입원 기간 내내 흰 벽을 응시하고 천장을 올려다보며 계속 웅얼웅얼 말하곤 했다. 내가 누군가에게 먼저 말을 건넬 줄 알고 소통할 수 있는 '인간'이라는 사실을 잊지 않으려는 듯이.

나도 병원에서 정신질환이 생겼고,
약을 처방받아 복용했다.
많은 코로나19 환자들이 그랬으리라 생각한다.
실제로 코로나에 감염되었다가
완치된 사람들 중에도
정신질환으로 고생하는 사람들이 많다고 한다.
하지만 바깥에서 정신병 얘기는 하지 않는다.
아마 사람들의 시선 때문일 것이다.
코로나에 감염된 것도 말하고 싶지 않은데,
정신질환이 생겼다는 것까지 말하면
사람들이 어떻게 볼까 두려운 것이다.

자가격리자들에게
손목밴드를
채우자고요?

네가 어제 한 일을
국가는 모두 알고 있다

코로나19 확산을 막는 것은 정부의 최우선 과제였다. 총선이 다가오는 시점, 여당 입장에서는 더욱 중요했을 것이다. 이른바 'K-방역'의 성공은 전 세계에서 큰 뉴스가 되었지만, 감염자들의 동선을 공개하고 잠재적 감염자를 추적하는 과정에서 심각한 개인정보 침해가 벌어지고 있다는 지적 역시 나오고 있었다.

이러한 상황에서 외국인 입국을 제한하지 않던 한국에서는 바이러스의 해외 유입을 어떻게 통제할 것인지가 매우 중요한 과제로 대두되었다. 감염 가능성이 있는 해외 입국자가 계속 늘고 있었기 때문이다. 사회적 거리두기와 자가격리라는 다소 생소한 용어가 사용되기 시작했고, 그에 대해 어느 정도 익숙해지기도 전에, 해외 입국자들로 인한 바이러스 유입 가능성은 국민들을 불안에 떨게 했다.

이때 정부에서 자가격리 대상자들의 동선을 파악하기 위해 '전자팔찌'를 채우자는 의견이 나왔다. 자가격리자들의 이탈 행동이 공동체에 매우 큰 위험을 초래하고 있다는 판단에서였다.

나는 병원에서 그 뉴스를 들으면서 깜짝 놀랐다. 범죄에 연루된 것도 아니고 확진을 받은 것도 아닌데, 어떻게 이리도 범죄자 취급을 할 수 있는가. 전자팔찌란 성범죄자들에게

만 선택적으로 사용되는 수단이 아닌가. 뉴스에선 일부 인권 단체의 반대 의견을 고려해서 본인의 동의를 받고 실행할 예정이라고 했다. 그러나 본인의 동의만 받으면 인권 침해가 아닌 게 되는 건가? 나는 이해할 수가 없었다. 게다가 '일부 인권단체'라는 워딩에서는, 정부가 이들을 마치 공중보건을 무시하는 이기적인 단체로 내려보는 시선이 느껴졌다.

나는 페이스북에 글을 올렸다.

"코로나 이후 우리의 미래는 지금의 결정에 의해 좌우될 수 있다. 우리는 인간 존엄성이 훼손되는 미래를 원하는가. 범죄자도 아닌데 모두가 전자팔찌를 차고 다니는 미래를 원하는가."

위기상황에서는 신속한 결정이 필요하다. 안전이 위협받는 상황에서 정부는 인간의 자유를 약간 제한하는 정책을 시행할 수도 있다. 이것은 UN의 시민적·정치적 권리규약에도 명시되어 있다.

하지만 정부가 국민을 감시하는 것을 어디까지 용인하고, 개인의 자유는 구체적으로 어느 정도까지 보장되어야 하는가. 이에 대해서는 다양한 의견이 있을 것이다. 국가마다 다르고 문화마다 차이가 날 것이다. 국민의 이해와 합의가 있어야 한다지만, 급박한 상황에서는 '국민 토론회'를 해서 의견을 모아갈 시간도 없다. 과연 어떻게 결정해야 할까.

고민하던 중에 내가 떠올린 법률적 개념은 바로 '이익형량'이다. 기본권이 서로 충돌할 때 두 기본권의 무게를 재어 둘 중 더 중요한 기본권을 우선하는 이론이다. 이때 하위의 기본권은 상위의 기본권을 침해하지 않는 범위 내에서 인정된다. 여기서 한국 정부의 선택은 건강과 생명권이었다. 개인의 신체에 직접 부착해 실시간 위치 추적이 가능한 전자팔찌는 신체 자유를 구속하여 개인의 기본권을 훼손할 수 있지만, 전자팔찌가 감염병 전파를 막음으로써 더 많은 국민의 생명과 건강을 보호할 수 있기 때문에, 개인의 자유를 제한하는 것이 허용될 수 있다고 판단한 것이다.

여기서 나의 우려는 긴급한 상황이기는 하지만 '개인의 자유'를 옹호하는 목소리가 한국에는 너무 적었다는 것이다. 언론에서 다룬 설문조사 결과를 보아도 조사에 응한 국민들 중 70% 이상이 전자팔찌(아직은 '안심밴드'가 아니라 '전자팔찌'로 불릴 때다) 착용을 찬성하는 입장으로 강력한 방역정책을 지지하고 있었다. 그에 반해 자가격리자의 자유권을 경시하는 경향은 두드러졌다. 정부의 정책이 국민의 지지를 받는다고 해서 누군가의 기본권을 지나치게 훼손하는 방향으로 설정되어서는 안 될 것이다. 이러한 정책과 제도가 앞으로 국민의 자유권을 조직적으로 침해할 가능성에 대해 간과해서도 안 된다.

병원에서 나는 몇몇 인권활동가에게 전화를 했다. 그들의 의견도 묻고 우리가 할 수 있는 일에 대해서도 상의했다. 대부분의 인권활동가들은 전자팔찌로 자가격리자들을 통제하려는 아이디어에 동의하지 않았다. 국가인권위원회에서 의견을 표명해야 한다고 생각했고, 나는 계속 연락을 취했다. 국가인권위원회도 신중한 입장이었다.

정부는 '전자팔찌'라는 명칭에서 오는 부정적인 시선을 의식한 듯 이내 명칭을 '손목밴드'로 변경했다. 듣기가 좀 덜 불편할 뿐 사실은 똑같은 것이었다.

결국 국가인권위원회는 2020년 4월 9일 성명서를 통해 이에 대한 공식적인 반대 입장을 밝혔다.

"국가인권위원회(위원장 최영애)는 코로나19 자가격리자에 대해 실시간 위치 추적이 가능한 이른바 손목밴드를 착용하도록 하는 방안이 논의되는 상황에 우려를 표합니다. (…) 손목밴드와 같이 개인의 신체에 직접 부착하여 실시간으로 위치정보를 확인하는 수단은 그 도입에 있어 개인의 기본권 제한과 공익과의 균형성, 피해의 최소성 등에 대한 엄격한 검토와 법률적 근거하에 필요 최소한의 범위 내에서 실시되어야 합니다."

그럼에도 불구하고 정부는 2020년 4월 11일 자가격리 위반시 손목에 안심밴드를 착용하는 방안을 도입한다고 밝혔다. 잠재적 범죄자에게 착용되는 전자팔찌에 이어, 손목에 강제적으로 부착한다는 '손목밴드'라는 명칭이 주는 부정적 어감을 의식해, 이 똑같은 아이디어의 파생물은 다시 '안심밴드'라는 이름을 얻었다. 또한 애초엔 자가격리자 전원에게 안심밴드를 착용시키는 것을 검토했지만, 인권 침해 논란이 일자 '자가격리 위반자'에 한해 착용시키는 것으로 정리되었다. 몇 가지 타협안이 제시됐고, 4월 27일 안심밴드 착용은 국내에서 공식적으로 시행되었다. 결국 자가격리자들에 대한 '감시'가 '자유'를 이긴 것이다.

자가격리자들을 관리하는 정책과 수단은 전자팔찌 이전에도 충분히 많았다. 코로나19 검사에서 음성 판정을 받아도 잠복기를 고려하여 2주 동안의 자가격리 기간을 준수해야 한다. 하루에 두 번 발열 체크를 하고, 핸드폰에 설치된 자가격리 애플리케이션으로 증상을 보고한다. 이를 '강제'하기 위해 정해진 시간에 맞춰 "발열 체크할 시간입니다"라는 알림 메시지까지 '친절하게' 온다고 한다. 담당공무원과 매일 통화도 해야 한다. 담당공무원은 자가격리 앱을 통해 격리자의 위치를 확인 가능하고, 격리자의 전화기가 꺼질 경우에는 바로 신호가 간다. 이러한 족쇄도 모자라 자가격리 위반자에게 손목밴드까지 채운다는 것이다. 손목밴드는 코로나19 방역 모범국으로 꼽히는 홍콩에서 이미 시행되었다. 홍콩은 일찍이 3월부터 강도 높은 입국 제한조치를 시행했는데, 거주민이 아닌 사람의 입국을 원칙적으로 막았나. 또 간신히 입국을 허가받은 사람이 코로나 검사에 음성이 나왔다 하더라도 14일의 격리 기간 동안 손목밴드를 의무적으로 착용하게 했다. 이를 두고 다른 국가에서는 큰 충격에 휩싸였으나, 우리는 도리어 홍콩의 사례에서 착안해 손목밴드를 도입했던 것이다.

안심밴드는 블루투스를 통해 핸드폰에 설치된 자가격리 앱과 연결되어 있다. 핸드폰에서 20미터가량 떨어지거나 밴드를 절단하면 지방자치단체 전담 관리자에게 통보된다. 물론 그들은 강제적인 조치가 아니며 '동의서'를 작성하여 안심밴드를 착용한다는 명분을 내세운다. 하지만 자가격리 위반자가 안심밴드 착용에 동의하지 않을 경우에는 격리 시설로 보내진다. 강제로 감옥과도 같은 곳에 보낸다는데, 안심밴드 착용에 동의하지 않을 사람이 어디 있을까.

실제로 안심밴드 도입 후 며칠 지나지 않은 5월 5일 사건이 발생했다. 5월 6일 중앙재난안전대책본부 정례브리핑에서 행정안전부는 5일 오후 6시 기준으로 두 사람이 자가격리지를 이탈했다가 적발돼 안심밴드를 착용중이라고 밝혔다. 이중 한 사람은 처음에는 안심밴드를 거부했으나, 시설격리 명령이 떨어지고 다음날 즉각 집행이 결정되자 안심밴드를 착용하기로 했다. 안심밴드 착용이 반강제적으로 이루어진 것이다. 2021년 1월 18일 오후 6시 기준 안심밴드를 착용한 사람은 총 691명이다.

잠재적 범죄자에게 채워지는 전자발찌와 잠재적 코로나19 확진자의 안심밴드는 얼마나 다를까. 음성이 나왔는데도 불구하고 자가격리 기간을 채워야 하는 이들 입장에서는 조금 억울하지 않을까. 전화를 받지 않아도, 쓰레기를 버리러 잠시 나가는 것도 자가격리 위반으로 '범죄자' 취급을 받는다. 자가격리자를 배려하는 듯이 '안심밴드'라는 명칭을 썼지만, 어떻게 칭해도 부정적인 인식은 피할 수 없다.

격리중 발현되는 정신건강 문제도 속속 제기되고 있는 가운데 자가격리자의 안전이나 보호 조치 마련보다 코로나19에 대한 통제와 족쇄를 더 과학적으로 강화하고 있는 현 상황에 마음이 쓰리다. 코로나19와 연관되는 그 순간부터 '사람'이 아니라 '바이러스 보유 숙주' 취급을 받는다는 생각마저 든다. 특히 자가격리는 사회적 취약계층에게는 타격이 더욱 클 수밖에 없다. 국가의 안전망 속에서 방역정책을 펴되 보다 인권 친화적으로 실행해주기를 희망해본다.

코로나 이후 우리의 미래는
지금의 결정에 의해 좌우될 수 있다.
우리는 인간 존엄성이
훼손되는 미래를 원하는가.
범죄자도 아닌데
모두가 전자팔찌를 차고 다니는
미래를 원하는가.

‘이기적인 의사들’과 ‘덕분에’ 챌린지 사이의 간극

의료진의 노동권과
파업권을 생각한다

병실에 들어오는 의사와 간호사는 모두 방호복을 착용하고 고글과 마스크를 쓰고 있다. 그래서 얼굴을 정확히 구별하기 어렵다. 가끔은 아까 들어온 간호사인 줄 알고 말을 건넸다가 뒤늦게 잘못 알아봤다는 것을 알게 되는 머쓱한 경우도 있다. 담당의사는 한 층에 한 분만 있기 때문에, 맡고 있는 환자가 상당히 많다. 그래도 환자 입장에서는 의료 전문가인 의사만이 정확한 답을 줄 수 있다고 생각하는 것이 인지상정이다. 그래서 틀림없이 바쁠 테지만 의사가 들어올 때마다 여러 질문을 쏟아내게 된다.

"지금 상태가 어떤가요?"

"몸에 바이러스는 줄어들고 있나요?"

"언제쯤 회복하고 퇴원하게 될까요?"

"이 약은 효과가 있는 건가요?"

"폐렴 엑스레이 결과는 어떤가요?"

아마도 나뿐만 아니라 모든 환자들로부터 비슷한 질문이 쏟아질 것이다. 그리고 이는 의사도 정확한 답변을 하기 어려운 질문들이다. 하지만 내 담당의사 선생님은 매우 친절했고 언제나 자세히 설명해주었다. 힘들어하는 내 마음을 공감해주는 것 같았다. 꼭 정확한 답을 찾지 못하더라도 선생님과 얘기하고 나면 마음이 한결 편안해졌다.

간호사들의 고충도 이만저만이 아니다. 맡은 일 자체도 많지만, 항상 방호복을 착용하고 환자를 만나야 한다는 것은 매우 힘든 일이다. 수시로 병실에 들어와서 혈압, 산소포화도, 체온을 재고 환자의 상태에 대해 상담한다. 병실 청소도 그들의 몫이다. 하지만 간호사들 모두가 다 내게 친절했다. 내가 만난 이들만 그랬다고 보기에는 간호사분들이 모두 그러했고, 그 태도에서 거짓과 가식을 느낄 수 없었다. 또 간호사들이 병에 대해 매우 전문적인 지식을 가지고 있다는 사실에 꽤 놀랐다. 때로는 의사보다도 더 길고 세밀한 상담을 해주며 위로를 건네기도 했다.

병실 TV는 온통 코로나19와 관련된 보도로 도배됐다. 그 프로그램들에는 의사가 전문가로 많이 출연했다. 코로나19에 대해 다각적으로 분석하고 해결책을 제안하는 의사들은 존경스러웠다. 모두 전문적이고 유능해 보였으며 말들도 참 기가 막히게 잘한다. 우리나라에서는 우수한 인재들이 의과대학으로 몰리는 데 대한 비판이 팽배하다. 이과 인재들이 자연과학이나 공학 쪽으로는 가지 않고 죄다 의사만 되려고 한다는 것이다. 순수과학의 진흥을 위해서는 일면 귀기울일 만한 이야기이지만, 무작정 싸잡아서 의사 지망생들을 욕하는 데는 반감이 든다. 그렇게 우수한 이과 인재들이 의사가 되어 이 코로나19 난국에 잘 대처하고 있는 것이 아닌가 하는 생각도 들었다.

하지만 코로나19의 성공적인 대응으로 국민들 사이에 퍼져나가던 의료진에 대한 고마움과 칭찬은 의사들의 집단파업 사태로 인해 급변하기 시작했다.

의대 정원 확대 및 공공의대 설립 등의 정부정책 도입이 예고되자, 불만을 품은 의사들은 입장 관철을 위해 단체행동권을 행사했다. 이에 여론은 코로나19 치료는 안 하고 본인들 밥그릇싸움이나 하냐며 맹비난하기 시작했다. 매일같이 반복적으로 들리던 의료진에 대한 고마움의 목소리는 어느 순간부터 잦아들었다. 하지만 의사뿐만 아니라 어느 단체나 자기 집단의 이익을 위해 목소리를 낼 수 있다. 또 사회가 건전하게 발전하려면 그래야만 한다.

2020년 9월 나는 어머니를 모시고 서울대학교병원에 갔다가 전공의들이 만든 전단지를 받았다. 그들은 몇 가지를 간곡하게 주장하고 있었는데, 의사가 아닌 나는 솔직히 크게 공감되지는 않았다.

전공의들이 반대하는 정책은 크게 네 가지였다. 공공의대 설립, 첩약 급여화, 의대 정원 확대, 비대면 진료. 내 눈에 그 전단지는 자신들의 의견을 설득력 있게 피력하는 데 실패하고 있었다. 디자인부터 문구까지 잘 읽히지가 않았다. 전문 컨설팅 회사의 조언을 받아 좀더 잘 만들었으면 어땠을까 하는 생각을 했다. 그들의 입장을 이해하려고 노력하는 내게도 의사들이 코로나19라는 이 전례 없는 위기 상황에서 너무 이기적으로 행동하고 있는 것은 아닌가 하는 생각이 들게 한 전단지였다.

하지만 내가 병원에서 본 의사들은 모두 자기 업에 충실하고 환자에 대한 태도가 더없이 진지한 사람들이었다. 그들이 자기들만의 이익을 위해 국민을 저버릴 것이라고는 상상조차 할 수 없었다. 어쩌면 업에 저리도 충실하다보니 모두가 의사들의 진심을 이해하고 알아주리라 믿었고, 그러다보니 국민을 영리하게 설득하기 위한 정치적 전략이 부족했던 것이 아닌가 싶기도 하다.

그렇다면 우리나라 의사들이 정말로 유독 공공선에 대한 의식이 부족한 걸까.

우리나라의 의사는 무척 공부 잘하고 똑똑한 사람들이다. 열심히 공부해서 의대에 진학하고, 또 오랜 시간을 꾸준히 노력하고 일해야만 의사가 될 수 있다. 따라서 그 능력과 노력에 대한 대가를 받아야 마땅하다. 반면 의사는 환자를 치료해야 할 사회적 책임도 가지고 있다. 그렇다면 의사는 이기적이라야 하는가, 아니면 이타적이라야 하는가.

영국 학자들이 재미난 연구•를 했다. 잠비아의 국가보건요원을 선발하는 과정에서 절반은 '지역사회를 섬기고 봉사하는 보건요원을 뽑는다'고 했고, 나머지 절반은 '의사가 될 수도 있는 자리에 지원해서 커리어를 극대화하라'고 광고했다. 그 결과, 전자는 사회봉사 정신이 강한 사람들이, 후자에는 인생의 성취를 중시하는 사람들이 선발되었다. 연구 결과에 따르면, 놀랍게도 성취를 중시하는 사람들이 봉사정신이 강한 사람들보다 모든 척도에서 일을 훨씬 잘하는 것으로 보고되었다. 전문성이 강한 사람들은 자신의 성취를 중시하면서 배려도 몸에 익혀나갔다. 전문성과 배려심은 상충하기보다는 함께 가는 것이다.

좋은 정책은 인간 본연의 욕망을 그대로 이용하면서 공공선을 창출해낸다. 특정한 사람이 더 이기적이고 그 외의 사람들이 더 이타적인 것이 아니다. 사람은 누구나 이기적인 동시에 이타적이다.

• Nava Ashraf · Oriana Bandiera · Edward Davenport · Scott S. Lee, 'Losing Prosociality in the Quest for Talent? Sorting, Selection, and Productivity in the Delivery of Public Services', American Economic Review vol. 110, no. 5, May 2020(pp. 1355-94).

UN에서 일하면서 많은 직원들을 만났다. 그들은 다른 사람보다 더 봉사정신이 강할까. UN은 직원을 선발할 때 전문성과 봉사정신 중에서 어느 부분을 더 중시할까. 여기서도 전문성 있는 사람을 선발하면 일도 잘하고 사회적 책임감도 갖추게 되는 듯하다.

제네바 UN 인권최고대표부 건물에 들어서면 직원들을 위한 비전선언문이 곧장 보인다.

"세계인권선언에서 보장하는 모든 자유와 권리를 온전히 실현하기 위한 강력한 글로벌 리더이자 원칙적인 옹호자가 될 것.To be a strong global leader and principled advocate for the full realization of all the rights and freedoms enshrined in the UDHR."

이 글을 보면서 나도 이렇게 일하리라 다짐했다. 아마 자기 커리어를 극대화하려고 전 세계에서 몰려온 인재들도 이 문구를 보면 사회봉사 정신을 키우고 싶어지지 않을까.

UN 인권기구에서 일하는 동안 왜 이곳에 한국인 직원은 드문 걸까 고민해본 적이 있다. 한국의 인재들은 UN에서 일할 만한 충분한 능력을 가지고 있고, 결코 어느 나라 사람들에 비해 뒤처지지 않는다. 실제로 대학생들 중 상당수가 신입생 때 국제기구 진출을 희망하기도 한다. 하지만 결과적으로 국제기구에 진출하는 젊은이는 극소수이다. 왜 그럴까? 한국 학생들의 봉사정신이 유독 뒤떨어져서일까? 혹은 인권의식이 부족해서?

학생들이 직업을 선택하는 순간을 맞으면 여러 가지 이기적인 계산을 할 수밖에 없다. 그리고 나는 직업은 그 무엇보다 이기적으로 골라야 하는 영역이라고 생각한다. 보수가 적다면 일하면서 쌓을 수 있는 경험과 보람이 풍부해야 하고, 힘겹고 많은 시간을 견뎌야 하는 일이라면 보수가 많아야 한다. 나와 내 삶에 명확하게 좋은 점이 있어야 하고, 그 어떤 젊은이도 그렇지 않은 일에 자신의 인생을 갈아넣지 않기를 소망한다.

누구나 그렇듯 이기적인 면모도 가진 실력 있는 사람으로서는 젊을 때 국제기구에서 봉사하는 것이 좋은 결과로 돌아올 확률이 높아야 기꺼이 그 선택을 할 것이다. 수년간의 노력에도 불구하고 결실을 맺지 못해 국제기구를 떠나야만 할 때, 적어도 갈 곳은 있어야 한다. 하지만 우리나라에는 그런 선택지가 많지 않다. 능력 있는 젊은이가 적은 보수에도 불구하고 수년의 시간을 쏟아붓고도, 실업자가 될지도 모르는 선택을 하리라 기대할 수는 없는 것이다. 한국의 젊은이들이 벤처 창업에 선불리 도전하지 않는 이유도 마찬가지이다. 투자했다가 실패할 경우 물러설 곳이 없다는 것을 잘 알기 때문이다. 따라서 안전한 대기업에 취직하는 것이 현명하고 현실적인 선택이다. 로스쿨에 진학해서 변호사가 되는 것이 미래가 불투명한 국제기구에 진출하는 것보다 더 좋은 선택이다.

코로나19 장기화 속에서 의사들은 지쳐가고 있다. 국민들도 지친다. 정부도 누구도 함부로 다치게 하지 않는 옳은 정책을 만들어내기가 너무도 어렵다. 그러나 위험에 노출되어 과중한 업무를 수행하고 있는 의료진은 쉽게 '욕'을 얻어먹는다. 코로나19 방역의 최전방에 있으면서 또한 사람들의 온갖 '불평'을 근거리에서 듣는 위치에 있기 때문이다. 하지만 그들 역시 이기심이 있는 인간이다. 이기심과 이타심, 그 둘은 양자택일의 관계가 아니다.

대중은 때로 '공인'이라는 말을 연예인이나 유명인에게 덮어씌우며 무한한 도덕성과 윤리의식을 요구한다. 마찬가지로 우리는 때로 의사나 교사 등 타인을 위해 일하는 직업을 지닌 이들을 손쉽게 오해하곤 한다. 이들을 노동권과 파업권을 지닌 개별 노동자가 아니라 만인을 위해 일하는 봉사자로 치부하고, 끝없이 선하고 이타적일 것을 요구한다.

그러나 의사들 역시 노동자이다. SNS상에서 의료진의 노고를 치하하는 '덕분에 챌린지'를 이어갔던 국민들의 마음이 진심이었다면, 의사 집단도 단순히 이기적이고 몰염치한 엘리트 집단으로 매도당해서는 안 된다. 우리가 의료진의 봉사와 희생에 진정으로 감사한다면, 이기적인 면모를 보였다는 이유로 비난하기보다는 그들이 노동자로서 추구하는 이기심 역시 충족시킬 수 있는 현실적인 방안을 마련해야 하지 않을까. 사회적 고마움은 실질적이어야 한다.

이 글은 의사들이 파업한 이유에 대한 정당성을 옹호하기 위해 쓰인 글이 아니다. 다만, 그들이 이 시국에 감히 파업을 말했다는 것만으로 돌팔매를 맞고 비도덕적인 직군으로 몰리는 것에 반대하는 의미에서 쓰였다. 나는 노동자로서의 의사와 간호사들을 지지한다.

선물과 뇌물

정과 공정거래 사이

입원 초기엔 병원에서 아무것도 먹을 수가 없었다. 후각과 미각이 없어진 상태에서 도저히 음식을 목으로 넘길 수가 없었다. 이틀 정도 아무것도 못 먹으니 온몸에 힘이 빠져서 축 늘어졌다. 그때 누나에게서 전화가 왔다. 뭘 먹고 싶으냐는 질문에 나는 초밥을 사다달라고 말했다.

물론 병원에는 외부 음식을 일절 반입할 수 없다. 외부에서 문제 있는 음식이 들어와 환자에게 이상이 생기면 큰일이기 때문이다. 또 음압병실이기에 외부와의 접촉을 철저히 차단해야 할 필요성 때문이기도 할 것이다. 하지만 나는 재주 많은 누나가 어떻게든 갖다줄 것으로 기대했다. 누나는 내 것뿐만 아니라 간호사들 음식까지 테이크아웃해서 가지고 왔다. 하지만 역시 반입이 불가능했다.

병원 7층에 있는 음압병실은 아무나 올라올 수 없었다. 1층 엘리베이터 앞 경비실부터 출입을 통제한다. 전달할 물건은 경비실에서 간호사실에 전화하면 간호사가 내려와서 받아간다. 항상 분주한 간호사들에게는 이 또한 일이다.

나는 내 방에 들어오는 간호사에게 간절히 부탁했다. 병원 음식을 도저히 먹을 수가 없는데, 초밥을 먹으면 조금 살아날 것 같으니 슬쩍 반입해주면 안 되겠느냐고. 누나가 아래에서 기다리고 있다고. 얼마 후 기적처럼 초밥 한 박스가 내 방으로 들어왔다. 내가 너무 불쌍했나보다. 간절함이 통했던 것이다.

하지만 머릿속으로는 얼마든지 맛있게 먹은 초밥도 목구멍을 넘기기 어려웠다. 아무 맛도 없고 그저 토할 것 같았다. 그럼에도 누나와 간호사의 정성을 생각해서 두 쪽을 억지로 먹었다. 그래도 기분이 좀 나아졌고, 누나와 간호사에게 다시 한번 감사의 인사를 전했다.

하지만 나중에 간호실에 이 사실이 알려졌고, 나는 그 간호사와 함께 '경고'를 받았다. 그후 음식 반입에 더 철저한 감시가 이루어졌다. 그저 나를 긍휼히 여겼을 뿐인 그 간호사에게는 특히 미안하고 고마웠다. 내 잘못으로 어쩌면 그녀가 불이익을 받았을지도 모른다고 생각했기 때문이다.

그 간호사 말고도 정말 많은 분에게 신세를 졌다. 병원에서 나를 도와주었던 의사 선생님과 간호사 선생님들에 대한 고마움으로 선물을 건네고 싶었다. 병실에 음식은 반입되지 않지만, 책, 속옷, 캔음료 정도는 배달이 가능하다. 아내는 내게 물건을 전달하면서 간호사들에게 간단한 선물을 주려고 했다. 하지만 간호사들은 받지 않는다. 퇴원할 때, 의사 선생님께도 고마움에 대한 답례로 상품권을 전달하려고 했지만 이마저 불가능했다.

언제부터인가 우리 사회에 공정의 문제가 큰 이슈로 등장하면서 감사의 뜻으로 순수한 선물을 건네기도 어려워졌다. 소위 김영란법이라고 불리는 '부정청탁 및 금품 등 수수의 금지에 관한 법률'은 공직자, 의사, 교수 등 공공의 업무를 하는 사람들에게 선물을 금하고 있다.

심지어 학생들이 교수를 찾아올 때 커피 한 잔 사가지고 오는 것도 원칙에 어긋난다. 스승의 날이면 학생들이 갖다주는 꽃으로 연구실이 만개하던 시절은 이미 먼 과거가 되었다.

대학교에서 교수와 학생의 관계는 껄끄러워졌다. 서로 대화도 줄어들고 전공과목 외 인생 상담도 별로 없다. 수업 후에 교수와 학생이 어울려 학교 앞 주점에서 술 한잔 하면서 늦은 밤까지 온갖 얘기를 주거니 받거니 하던 기억은 이제 옛날 영화 속의 이야기가 되었다.

아마도 그동안 '정'으로 얽힌 우리의 관행이 불공정 문제를 불러일으켰기 때문에 이를 해결하는 과정에서 불가피하게 벌어지는 일인지도 모르겠다. 내가 어렸을 때부터 학교 선생님에 대한 촌지는 심각한 문제였다. 동방예의지국에서 선생님에 대한 존경심과 고마움의 표시로 선물을 주는 전통이 있을지 모른다. 하지만 그것이 부당한 처우와 차별로 이어진다면 그것은 전혀 바람직하지 않다. 실제로 촌지로 인한 차별과 갈등은 비일비재했다.

우리 사회에는 오랫동안 학연, 지연, 혈연의 세 가지 네트워크가 무척 중요했다. 사회에서 성공하려 해도, 돈을 많이 벌 작정이어도, 단순히 그냥 행복하게 살려고 해도, 이 네트워크가 없으면 힘들었다. 병원에 한번 가려고 해도 아는 사람이 없으면 갈 수가 없었다. 좋은 집안, 좋은 학교, 좋은 이웃이 필요했다. 사실 동서고금을 막론하고 이런 부분은 다 있다. 맹자의 어머니가 아들의 교육을 위해 세 번이나 이사를 다닌 것도 같은 맥락이었을 것이다.

학교에 낭만이 사라지고, 교수와 학생 사이의 사교가 희미해지고 마냥 삭막해졌다고 한탄하는 교수도 많다. 하지만 그 사이 억울하게 부당한 대우를 받는 학생과 실력에 걸맞지 않은 특혜를 받는 학생들은 그만큼 줄어들었다고 할 수 있다. 꼭 선물을 받아야만, 학생들과 술잔을 같이 기울여야만 소통이 되는 것은 아닐 터이다. 아무리 깊은 정의 소산이라 할지라도 그것이 어떤 맥락에선 한 인간의 존엄성을 훼손하고 누군가를 차별하는 결과를 낳는다면, 스승의 날 내 방에 꽃 한 송이가 없어도 좋다.

하지만 그토록 고마웠던 간호사와 의사에게 아주 작은 선물 하나 주지 못하고 병원을 떠나자니 몹시 섭섭하긴 하다.

의사 선생님의 진지한 표정과 간호사의 땀방울이 아직도 내 눈에 아른거린다.

4부

완치자가 아니라 '회복자'입니다
-코로나 후유증과 퇴원 후 회복기

코로나는 완치될 수 있는가

혈액기증 이슈와
코로나 후유증

완치 판정을 받고 퇴원하는 날이다. 가족들은 기뻐했고 나도 흥분했다.

짐을 챙겼다. 대부분의 물건은 버려야 했다. 바이러스가 묻어 있을 수도 있기 때문에 신고 갔던 신발, 입었던 옷 등을 싹 다 버리고 나와야 했다. 핸드폰처럼 꼭 가지고 나가야 하는 물건은 락스로 소독해야 하는데, 락스의 독성 때문에 물건이 손상되기 십상이었다.

퇴원 절차도 매우 까다롭다. 음압병실은 바이러스가 외부로 유출되지 않도록 지나칠 정도의 방역을 한다. 음압기란 밀폐된 공간 내부의 압력을 외부보다 낮게 유지하여 바이러스가 빠져나가지 않도록 하는 장비다. 즉, 내부에 있는 공기를 밖으로 유출시키지 않도록 하는 기계이기 때문에 창문도 열 수 없고, 의사나 간호사도 방호복을 입고 이중문을 거쳐 완전한 소독을 한 후에 음압병실로 들어온다.

퇴원하는 환자도 마찬가지이다. 우선 병원에서 제공하는 속옷과 새 환자복으로 환복한다. 중간문으로 가서 새 마스크를 착용하고 온몸을 락스로 완전히 소독한다. 문이 열리면 간호사가 주변을 조심히 살피며 붉은색 라인으로 나오라고 한다. 붉은 줄은 완전히 방역하지 않은 사람이 가는 길이고, 푸른 줄은 방역이 끝난 사람들이 가는 길이다. 3주 만에 문밖으로 나가는 것이라 감개무량하지만, 혹시나 파란 줄을 밟을까 봐 그 기분을 즐길 겨를도 없었다. 갑자기 걷기 어려울 정도로 어지럽다. 오랜만에 밖으로 나와서인지, 너무 흥분해서 인지 알 수가 없다. 혹시 어지럽다고 말하면 다시 병실로 돌아가라 할 것 같아 정신을 다잡고 붉은 줄을 쫓아갔다. 멀리서 나를 데리러 온 아내가 보인다. 밝게 웃는다. 선상해 보인다. 그렇지만 사실 나는 정신이 없었다.

다시 다른 병실로 들어가 화장실로 들어간다. 그 방에서 샤워하고 다시 새 환자복으로 환복해서 나오라고 한다. 어지러움을 참아가며 샤워를 마치고 옷을 갈아입고, 이번에는 파란 줄을 통해 중간문으로 나온다. 샤워를 마치고 나오니 간호사가 없다. 잠깐 기다리는 동안 오만 가지 생각이 난다. 갑자기 더 어지러운데 코로나가 재발한 것일까. 솔직하게 얘기하고 검사를 받아야 할까. 하지만 다시 들어가기는 죽어도 싫은데…… 아내가 밖에서 기다리고 있는데 얼른 나가야지……

간호사가 돌아온다. 나는 새 마스크를 착용하고 밖으로 나왔다. 비로소 아내와 반갑게 만났다. 그렇지만 내 눈에는 간호사실에 있는 수없이 많은 감시카메라들이 보인다. 그곳에는 꽤 많은 간호사들이 있었고, 그들은 모두 감시카메라를 쳐다보고 있는 듯했다.

이어서 간호사의 안내를 따라 폐CT를 찍으러 갔다. 병원에 들어올 때도 CT를 찍었다. 어떻게 무슨 정신으로 찍었는지 기억이 잘 나지 않는다. 계속 어지럽다. 검사 결과가 궁금하다. 아직도 폐렴이 남아 있는 건 아닌지…… 의사에게 물어보지만 나중에 알려준다고만 한다.

2020년 6월, 신종 코로나바이러스의 항체를 활용한 치료제 개발에 대한 논의가 계속되고 있었다. 3월에 이미 세브란스병원에서 항체를 투입하여 중환자가 회복되었다는 뉴스가 나왔다. 그 때문인지 항체치료의 위험성이 높다는 일부 소견에도 불구하고 관심은 계속되었다. 5월, 미국에서는 완치자의 피 몇 방울이 수천만 원에 거래되었다는 뉴스도 전해졌다. 혈액의 거래가 여러 가지 이유로 금지되어 있지만, 완치자로서는 자신이 가치가 있다는 소식만으로도 기쁜 일일 수 있겠다 싶었다.

그러던 어느 날 우리나라에서도 항체치료제를 개발하기 위해 완치자에게 혈액을 기증해달라는 요청을 하기 시작했다. 처음에 자발적 기부는 좋은 일이라 생각했다. 많은 사람들이 치료받기 위해서는 치료제 개발이 절실하기 때문이다. 하지만 젊은 청년도 아니고, 또 퇴원 후 어지럼증으로 고생하고 있던 나로서는 조금 걱정되는 부분도 있었다.

기증자가 신속하게 늘지 않자 사회는 완치자들에게 짜증을 내기 시작했다. 언론의 보도와 대중의 태도는 내게서 기증하고 싶은 마음을 아예 앗아가버렸다. 한 기사는 국민의 세금으로 공짜로 치료받았는데, 혈액 기증 정도는 해야 하는 것이 마땅하지 않는가, 라고 완치자들을 '저격'했다. 나는 속으로 대답했다.

'언제 너희들이 나의 고통과 아픔에 공감하고 한 번이라도 내 입장에서 생각해주었는가. 나는 대한민국 국민으로서 오랜 기간 의료보험금을 냈고 그에 대한 정당한 대가로 치료를 받은 것이다.'

그러던 어느 날 대구 경북 지역에 코로나를 확산시킨 책임이 있는 신천지 신도들에게 혈장 기증을 강요하다시피 하는 기사를 읽었다. 신천지 신도들이 혈장 기증마저 거부한다면 대한민국에서 그들의 입지는 없을 것이라는 단호한 경고도 따라붙어 있었다.

이 기사는 신천지 신자를 겨냥한 것이었지만, 나를 비롯한 확진자 모두에게 하는 소리로 들렸다. 코로나에 감염된 신천지 신자들이 죄인인가. 혹은 혈액을 기증하면 죄인이라도 용서받을 수 있다는 것인가. 대체 밟고 설 땅마저 내주지 않겠다는 저 엄중한 '협박'이 나는 아무리 생각해도 이해가 되지 않았다.

나는 퇴원 후 한참 동안 후유증에 시달렸다. 하지만 가족이 걱정할까봐, 친구와 동료들에게 따돌림받을까봐 말하지 않았다. 또 그 후유증에는 심리적인 영향도 있을 거라고 생각하는데, 그래서 더욱 말하고 싶지 않았다. 정신병자로 여겨질 테니…… 우리나라에서 정신질환에 시달리는 사람들의 고통을 다시금 떠올리면서, 더 나아가 우리나라에서 왜 이토록 자살률이 높은지도 생각해본다. 우리나라의 자살률이 높은 이유가 정신과에 가는 것을 터부시하는 사회적 분위기 때문에 그렇다는 한 의사의 말이 떠올랐다.

그러던 차에 부산의 한 교수가 자신의 후유증에 대한 이야기를 SNS에 올렸다. 퇴원 후 다양한 후유증을 겪고 있고 자신과 같은 사람들이 많다는 얘기였다. 그는 완치자라는 말 대신 '회복자'라는 단어를 사용해야 한다고 주장했다.

이 뉴스는 코로나19의 병세를 독감 정도로 가볍게 여겨서 걸려도 그만이라는 생각을 가진 젊은 사람들에게 경종을 울렸다. 물론 같은 '회복자'로서 공감되기도 했지만, 또 한편으로는 코로나 감염자는 무조건 후유증을 앓고 있기에 퇴원 후 온전한 사회생활을 하기엔 무리가 있다는 낙인과 경계심이 더 심해지지 않을까 하는 걱정도 슬며시 솟아났다.

'완치'되어도, '회복중'인 상태여도, 혹은 어쩌면 평생을 후유증으로 고통받을지 모르는 사람들도 모두 코로나19의 피해자이다. 코로나 환자들에 대한 편견은 사회 곳곳에 퍼져 있다.

기증자가 신속하게 늘지 않자 사회는
완치자들에게 짜증을 내기 시작했다.
언론의 보도와 대중의 태도는
내게서 기증하고 싶은 마음을
아예 앗아가버렸다.
한 기사는 국민의 세금으로
공짜로 치료받았는데,
혈액 기증 정도는 해야 하는 것이
마땅하지 않는가,
라고 완치자들을 '저격'했다.

재양성자가 나타났다,
친구들이
나를 피한다

국가와 언론은

괴담을 유포해서는 안 된다

"코로나 세 번 걸린 환자도 있다, 국내 3명… 재양성은 228명."

어느 날 코로나 환자인 나는 이런 기사를 보았다.

입원 후 2주 정도가 지나고 건강은 거의 회복되었다. 그러나 병실 밖에 한 발자국도 못 나가고 창문도 열 수 없으니 답답하기 그지없다. 끊임없이 병실 안에서 왔다 갔다 걷는다. 끝에서 끝까지 열 발자국 정도이다. 몇 바퀴를 걸었는지 세다가 숫자를 잊어버린다. 그냥 계속 걷는다. 건강해져야겠다는 생각에서 시작했으나, 언젠가부터 습관이 되었다. 내 스마트워치는 어느덧 만 보를 걸었다고 축하 메시지를 보낸다.

몸은 많이 좋아졌다. 그러나 매일 실시하는 유전자 검사에서 48시간 연속 음성 판정이 나와야 퇴원할 수 있다. 막막한 기다림으로 지겨운 나날을 보내고 있을 때였다. 의사에게 언제쯤 퇴원이 가능할지 끊임없이 물어본다. 하지만 정확한 답을 주지 않는다. 의사는 사람마다 다르고, 어떤 환자는 60일 이상 입원하는 경우도 있다고 했다. 또다시 눈앞이 캄캄하고 가슴이 답답해온다.

4월 총선을 앞두고 TV 채널마다 정치뉴스가 판치고 있을 때, 확진자였던 나의 관심은 다른 이슈에 있었다. 바로 '재양성자'에 관한 소식이다. 이는 나뿐만 아니라, 모든 감염자들을 매우 힘들게 하는 문제였다. 애초에 언론에서는 '재확진자'라고 보도하다가 '재양성자'라고 명칭을 바꾸었다. 검사에서 양성이 나왔을 뿐, 다시 병에 걸린 것인지는 확실치 않으니 재양성이라는 표현이 더 정확하다는 것이다.

비감염자들에게는 그게 그거라고 들릴지 모른다. 하지만 환자에게는 어마어마한 차이가 있다. 코로나19가 재발한 것이라면 48시간 음성 판정을 받고 완치되어 퇴원하더라도, 다시 병원에 들어갈 수 있다는 얘기다. 아픈 것보다도 다시 병원에 감금된다는 사실이 더 끔찍하다.

재양성자에 대해서는 질병관리본부나 의학계에서도 확실한 이유를 알지 못했다. 지속적으로 재양성자가 늘더니 어느덧 100명을 넘었고 계속 늘어났다. 내 눈에는 그 뉴스만 보인다. 여기저기 전화를 걸어보고, 인터넷 검색을 해봐도 확실한 답은 없다.

아침저녁으로 재양성 관련 뉴스를 샅샅이 다 찾아보고, 보건복지부에 이메일 문의도 해봤다. 재양성자들은 도대체 왜 검사를 다시 했을까? 그들의 증상은 어떠한가? 다시 병원에 입원하게 되는 건가? 궁금한 것이 많았지만 아무도 속시원한 해답을 제공하지는 않았다.

뉴스는 온통 재양성자가 늘어 매우 위험하다는 소식뿐이

었다. 감염자에 대한 부정적 인식만 늘어갔다. 재감염된 것인지 재발한 것인지도 확실치 않은 상황에서 재양성에 대한 질병관리본부의 발표는 우왕좌왕했다. 확실한 과학적 진실이 밝혀지지 않았으니 이성적으로 이해는 되었지만, 코로나19에 걸려본 사람이면 꽤 불편한 감정을 느꼈을 것이다. 나는 그런 식으로 오해가 '전염'되어서는 안 된다고 생각했다.

질병관리본부는 매일 재양성자에 대한 발표를 했고, 아주 조금씩 연구 결과를 덧붙였다. 결국 내가 확인한 결과는 다시 감염될 확률은 매우 낮을뿐더러 또 재양성자가 타인을 감염시킨 사례는 전혀 없다는 것이다. 그렇다면 재양성자는 단순히 검사의 오류였을까?

유전자 검사는 보통 오전에 검사하고 오후 늦게 결과가 나온다. 하지만 의사가 오후에 방문하지 않기 때문에 그 다음날 오전까지는 결과를 알 수 있는 방법이 없다. 어떤 날은 한 번 음성 판정을 받았으나, 그 다음날 결과가 확실하지가 않다고 퇴원이 보류되기도 했다. 병원에서의 하루는 무척 길다. 그리고 만약 보류되면, 적어도 이틀은 더 기다려야 한다는 계산이 나온다. 감염자 입장에서는 매우 애타는 일이다.

어느 날 드디어 나도 음성 판정이 나왔다. 그 다음날 검사 결과를 애타게 기다린다. 알고 싶었다. 오전에 검사하면 그날 오후에는 일단 결과가 나온다는 것을 알기에, 빨리 알고 싶었다. 간호사들이 사용하는 병실 안 컴퓨터에는 모든 정보가 다 들어 있다. 나의 체온, 혈압, 산소포화도, 피검사 결과. 말 그대로 나의 모든 기록이 적혀 있고, 또 거기에는 바이러스 검사 결과도 있을 것이다. 자꾸 컴퓨터에 눈이 간다. 저걸 켜보면 검사 결과가 있을 텐데…… 오후 5시쯤 간호사가 병실로 들어왔다. 보통은 들어오는 시간이 아니었다. 간호사는 무슨 물건을 가지러 왔다고 한다. 슬며시 물어봤다.

"혹시 제 검사 결과를 확인할 수 있을까요?"

간호사는 무심하게 컴퓨터로 향한다. 빠른 타자 소리가 들리더니, 나지막하게 말한다.

"오늘 검사는 음성인 것 같은데요……"

소리는 지르지 못했지만, 대학교 합격 통지를 받은 것처럼 기뻤다.

"그럼 내일 퇴원할 수 있는 건가요?"

간호사의 그다음 말은 나를 실망시킨다.

"확실한 건 내일 의사 선생님이 보셔야 해요."

이런 피 말리는 기다림을 거듭하고 나서야 나는 비로소 퇴원할 수 있었다. 퇴원 후 기쁜 마음으로 집에 왔지만, 재양성자에 대한 문제로 내 마음 한구석은 갑갑했다. 사실 나의 연구 결과는 거의 명확했다. 유전자 검사에서 재양성 판정이 나온 사람들은 사실 코로나바이러스에 재감염된 것은 아닐 것이다. 아직까지 그런 사람이 나오지 않았고, 외국에서도 발견된 사례가 없다면 이것은 거의 확실하다. 하지만 나 말고는 아무도 그렇게 생각하는 사람이 없었다.

퇴원이 가까워오면서 만나기로 한 친구들이 꽤 많았다. 코로나19 환자의 경험을 들어보고도 싶고, 내 안부가 궁금하기도 했을 것이다. 하지만 재양성자에 관한 뉴스는 환자인 친구에 대한 궁금증과 염려보다는 감염에 대한 우려를 증폭시켰다. 친구들이 나를 만나는 걸 피한다. 때로는 간접적으로, 때로는 노골적으로. 그들의 불안이 이해는 가지만 몹시 섭섭하다. 왜 확실치도 않은 괴담을 퍼뜨리는지, 언론에 화가 난다.

시일이 지나자 질병관리본부의 발표는 좀더 명확해졌다. 재양성 판정을 받은 수십 명의 유전자를 검사한 결과, 검출된 바이러스는 죽은 바이러스, 말하자면 '찌꺼기 바이러스'이고 감염력은 전혀 없다는 것이다. 그러나 이 역시 검사 표본이 충분치 않아 확실한 결론을 내리기는 어렵다고 말했다.

나는 일단 안심하면서 더 확실한 정보를 구하기 위해 뉴스를 뒤져본다.

그날 밤 찾은 인터넷 뉴스의 제목은 내가 봐도 간담이 서

늘했다. "코로나 세 번 걸린 환자도 있다, 국내 3명… 재양성은 228명."

질병관리본부 발표에서 분명 재양성 판정을 받는 것이 곧 재발이나 재감염을 의미하는 건 아니라고 했는데, 기자는 세 번 양성 판정 받았다는 사실만 부풀린다. 인터넷에서 관심을 끌 만한 제목이지만 나는 너무도 화가 났다.

이 기사의 제목은 사실과 명백히 다르다. 세 번 양성 판정을 받은 것이지 코로나19에 세 번 걸린 것이 아니다. 질병관리본부에서 확인한 사례는 양성 확진이 되어 입원했다가 완치되어 나왔는데, '찌꺼기 바이러스' 때문에 또다시 양성 판정을 받은 경우이다. 정말 재수없는 경우다. 당사자는 얼마나 힘들었을까. 코로나 환자만 느낄 수 있는 동질감과 안타까움이 엄습했다. 같은 날 질병관리본부에서 재양성자의 바이러스는 감염력이 없다는 것을 공식적으로 발표했음에도 불구하고, 기자는 그 부분에 대해서는 별로 관심이 없었던 모양이다. 제목은 자기 마음대로 뽑아놓고, 그 내용은 기사 후반에야 한 줄 썼으니, 누가 그 결론을 읽었을까.

나는 흥분했다. 하지만 그 말을 들은 아내는 사람들은 어차피 자기가 감염될까봐 걱정할 뿐 이미 감염된 사람에게는 별 관심이 없으니 얘기할 필요가 없다고 했다. 더 화가 난다.

누가 감염자의 심정을 이해해줄까. 우리나라의 경우 감염자는 당시 인구의 0.02%에 불과했다. 보통 사람은 확진자에게 관심도 없고 그들을 이해하려고 들지도 않는다. 만나지 않고 배척하려고만 한다. 가짜뉴스 때문에 바이러스가 자신에게 옮을지에 대한 걱정만 많다. 결국 환자들은 사회에서 고립된다. 나는 입원한 3주 동안 사회적 소수자였다. 이로써 그간 몰랐던, 우리 사회 소수자들의 고통과 어려움을 조금이나마 이해하게 되었다. 그들의 처지와 상황을 눈으로 보고 알 만큼 안다고 생각했지만, 아니었다. 코로나바이러스는 나에게 죄 없이 따돌림당하고 배제되는 사회적 소수자의 삶을 머리가 아닌 몸으로 직접 겪어보게 해주었다. 나는 일시적인 소수자로 살면서도 이토록 억울하고 무력한데, 이 사회에서 일평생 소수자로 산다는 것의 무게는 가늠할 수조차 없었다.

퇴원 후 행복과 두려움이 교차했다.

확실치 않은 재감염 가능성, 어지러움 같은 후유증, 특히 나를 불안해하는 듯한 사람들의 시선 때문에 떳떳하게 거리를 활보하고 다니기에는 힘든 상황이었다. 아내는 다른 사람과의 만남을 자제하길 권했다. 결국 우리는 퇴원 후 일주일 정도 서울을 떠나 있기로 결정했다. 다음날 총선 사전투표를 마치고 바로 용평으로 떠났다.

용평으로 가는 길에는 평소보다 자동차 통행량이 적었다. 코로나19 때문에 다들 여행을 자제하고 있을 때였다. 고속도로에서 자주 휴게소에 들러야 했다. 어지럼증 때문이었다. 알 수 없는 현기증이 갑자기 찾아오면 운전하기가 어려웠다. 그렇다고 완전히 심각한 것은 아니어서 운전을 아예 포기하고 아내에게 맡기기도 애매했다. 그러나 내 증상을 눈치챈 아내는 중간에 나를 대신해 운전해주었다.

가는 길에 그전부터 많이 다니던 횡계의 오삼불고기집에 갔다. 항상 사람들이 북적이던 식당인데, 손님은 우리밖에 없었다. 코로나19로 인한 자영업자들의 어려움을 직감할 수 있었다. 언제 끝날지 모르는 이 역병이 식당 주인들에게도 얼마나 고통스러울까. 식사 후 근처 카페에 갔다. 그곳도 꽤 유명한 곳인데, 손님이 하나도 없었다. 얼마나 힘드시냐는 내 인사에 사장님이 이렇게 말했다.

"모두가 다 힘든데, 함께 같이 잘 극복해야지요."

코로나19로 인해 약자가 된 사람들은 비단 확진자만이 아니었다. 많은 사람들이 재난으로 인한 고통을 함께 겪고 있다. 세상 사람들이 모두 확진자들을 적대하고, 친했던 사람들마저 나를 멀리하는 것 같아 얼어붙었던 마음이, 나만큼이나 고통스러운 또다른 이들로 인해 열리고 있었다.

콘도에 체크인을 하고 산책을 나갔다. 쌀쌀한 날씨였지만, 산길은 아름다웠다. 그전에도 다니던 길이지만, 사뭇 다르게 보였다. 코로나19 치료 이후에 나온 세상이었기에 더욱 아름답게 보이는 것이었을까. 신비롭기까지 했다. 일주일 동안 매일 산책을 다녔는데, 자연이 매우 소중하고 경이롭다고 느꼈다.

확진자도, 또 언제라도 확진자가 될 수 있는 다른 사람들도, 그리고 더 많은 확진자가 발생하는 것을 막기 위해 고통을 감수하고 있는 자영업자들도, 우리 모두는 함께 코로나19의 고통을 감내하고 있다. 모두가 온전히 일상의 경이와 신비를 누릴 수 있는 날까지, 우리는 서로 이해하고 연대해야 한다.

유럽인들과 K-방역에 대해 토론하다

애국심과
자문화중심주의의 덫

용평에 다녀온 후 내 몸 상태는 많이 좋아졌다. 아직도 순간순간 어지럼증이 나타났지만 일상생활에 지장을 줄 정도는 아니었다. 나는 다시 강의를 시작했고, 학생들과의 만남은 비록 비대면 온라인으로 진행되었지만 무척 즐거웠다.

주한 유럽연합 대표부로부터 연락이 왔다. 대표부의 부대사는 나와 오랜 친분이 있는 프랑스인이었다. 내가 병원에 있을 때 그녀가 내게 강연을 의뢰했는데, 코로나19에 걸려 병원에 격리되어 있다고 답했다. 그녀는 지금쯤 퇴원했을 것 같다며 대사관 직원들을 위한 인권 강의가 가능하겠느냐고 물었다.

나는 흔쾌히 수락했다. 코로나바이러스 감염 경험을 바탕으로 팬데믹과 인권에 관한 강연을 하면 좋겠다고 생각했다. 유럽연합 대표부의 외교관들을 상대로 한 이 강의는 매우 반응이 좋았다. 그 이후 대표부의 요청으로 유럽 시민들을 위한 영상 강연도 했고, 유럽연합의회의 초청으로 의회 인권소위원회에서도 화상으로 실시간 강연을 했다.

나는 확진자로서의 내 경험을 토대로 코로나19 창궐과 확산이 인권에 어떠한 영향을 미치는지에 대해 이야기했다. 유럽인들은 한국의 성공적인 방역을 인권적인 측면에서는 어떻게 평가해야 하는가에 대해 깊은 관심을 보였다.

이른바 K-방역의 핵심은 '3T'라고 불리는 검사test, 추적trace, 치료treatment의 3단계로 이루어진다. 한국 정부는 이 과정을 투명하고 민주적으로 이루어냈다는 점을 강조한다. 물론 여기에는 우리의 기술력과 훌륭한 의료진, 국민의 적극적인 협력이라는 든든한 전제조건이 있었다. 그러나 나는 K-방역 성공의 이면에는 사생활보호권의 침해나 차별과 혐오에 따른 부정적인 측면도 있을지 모른다는 설명도 덧붙였다.

이렇게 몇 차례 강의하다보니 유럽인들의 눈에는 한국 방역의 인권 침해 요소가 나보다도 더 도드라져 보였던 것 같다. 하긴 나도 한국의 방역 과정에서 지나친 사생활 침해와 과잉된 추적이라는 문제가 있었다는 것에 동의한다. 그러나 몇몇 유럽 사람들은 한국의 '권위주의 전통'이라는 말까지 꺼내면서 이 때문에 효과적 방역이 가능했던 것이 아니냐는 의문을 제기했다.

권위주의는 여러 가지로 해석될 여지가 있으나, 기본적으로 국민이 정부의 강제적인 조치에 순응하는 비민주적 문화가 있다는 것을 말한다. 나는 일부 유럽인들의 이 의견에 대해서는 선뜻 동의하기 어려웠다. 우리 국민이 정부의 방역정책에 협조적인 태도를 보이는 것이 과거의 강압적인 권위주의 통치방식 때문은 아니라고 본다. 정부를 신뢰하고 국민 모두의 안전을 위해 공동체 의식을 발휘하는 전통이 있을지언정 그들이 말하는 권위주의와 그에 따른 두려움에 의한 것은 아닐 터이다.

그들과 논쟁하면서, 나는 왜 한국 사람들은 개인의 사생활에 대한 국가의 간섭에 별로 민감하지 않을까 자문했다. 그리고 이런 결론을 내렸다. 한국인들은 유럽인들이 겪은 역사와는 십분 다른 기억과 전통을 가졌기 때문이 아닐까.

유럽은 근대 초기 거대한 국가가 탄생하면서 그 국가가 개인의 자유를 크게 침해했고, 그것에 대항하여 투쟁한 오랜 역사가 있다. 유럽인들은 민주주의를 탄생시키기 위해 매우 오랜 기간 동안 많은 희생을 감내해야만 했다. 반면 우리의 민주화 역사는 짧다. 게다가 1980년대 치열한 투쟁을 통해 민주화를 이루었으나, 그 대상은 거대한 국가 체제 그 자체라기보다는 몇몇 군사독재자들이었다.

이러한 역사적 배경은 장점이자 단점이다. 유럽 국가와 달리 코로나19와 같은 위기상황에서 희생자를 줄이기 위해 국가를 신뢰하고 잘 따를 수 있는 환경을 조성해주는 것은 좋은 점이다. 그러나 꼭꼭 숨겨진 국가의 감시기능을 방관할 수 있다는 위험도 내재해 있다. 바로 인권의 보편성과 문화적 상대성의 문제다. 이 문제는 오랫동안 논쟁의 대상이 되었다.

문화적 상대성의 측면에서 보자면, 인권이 보편적인 개념이라고는 하지만 문화권마다 각기 다른 전통을 가지고 있다. 서구의 인권 개념은 다른 문화권에서는 맞지 않을 수 있다. 이슬람 문화권과 유교 문화권에는 기독교 문화권과는 다른 인간관계와 양상이 복잡하게 얽혀 있다. 개인의 자유를 어디까지 허용하고 제한할 것인가에 대해서도 각 문화권이 서로 다른 인식을 가지고 있다. 그러나 근본적으로 인간의 존엄성을 존중하는 전통은 어느 문명권에나 존재한다. 그래서 인권이 국제사회에서 중시되어야 할 개념으로 보편화될 수 있었다.

그런데 코로나19로 인한 팬데믹 상황은 인권의 보편성과 문화적 상대성 논쟁을 다시 불러일으키는 듯하다. 유럽인들에게는 한국 같은 후발 민주주의 국가가 민주적 방식으로 방역에 성공했다는 사실을 인정하기 싫은 것일 수도 있다. 어쩌면 질투하는 것일 수도 있겠다. 또는 진정으로 한국인의 자유권 침해에 대해 걱정하는 사람도 없지 않을 것이다. 이렇게 다양한 유럽인들과 토론하고 논쟁하는 과정에서 내가 발견한 것은 바로 나 자신의 모습이었다. 그들이 어떤 식으로든 우리 방식을 폄하하는 것을 인정하고 싶지 않아하는 일종의 '애국심'을 발휘하고 있는 나를 보았다. 코로나바이러스 감염자 수가 국가별로 매일 기록되고 통계가 공유되는 것은 올림

픽 메달 수를 세는 것과는 전혀 다른 것인데, 감염자 수의 순위가 아래로 내려갈수록 대한민국이 자랑스럽게 여겨진다.

세계인들의 연대가 필요한 팬데믹 상황에서 우리는 혹시 점점 더 자문화중심주의로 흘러가는 것은 아닌가. 어쩌면 한국의 방역정책을 비판하는 유럽인들도, 그에 기분 나빠하는 우리도 모두 자문화중심주의의 덫에 갇혀 있는지도 모른다.

UN에서 일하며 나는 한국인으로서 자부심을 갖되, 언제나 세계인의 시선으로 한국과 타국의 소수자와 약자를 균형 잡힌 관점에서 바라보고자 했다. 그러나 순간순간 어쩔 수 없이 한국은 내게 '우리나라'였고, 내심 '우리'를 비판하려는 '외국인'들을 타자화하려는 나를 발견하고 흠칫 놀라곤 했다. 그러나 팬데믹의 시대에 '우리'를 지키는 방법은 우리끼리 똘똘 뭉치는 것이 아니라 적절한 거리를 두고 '우리'를 바라보는 것이다.

팬데믹은 동서양을 막론하고 특정 문화권의 문제가 아니라 인류 전체가 직면한 과제이기 때문이다.

대학 내
온라인 강의와
등록금 논란

디지털 시대의
불평등과 격차

개강을 했는데도 대학교 교정이 고요하다. 지나는 사람 하나 눈에 띄지 않아서 마치 연초에 대학 본부에서 나누어주는 달력에 실린 건물 사진을 보는 것 같다. 이제 대학 건물은 일제히 잠겼고, 특정한 사람만 출입할 수 있다. 출입 허가를 받는다 해도 체온 측정과 신분증 검사 등의 절차를 철저히 거쳐야 한다.

연구실도 조용하다. 예전엔 쉬는 시간만 되면 학생들이 대화하는 소리, 웃음소리 때문에 창문을 굳게 닫아야 했다. 삼삼오오 뭉쳐다니면서 왜들 그렇게 왁자지껄 시끄럽게 떠드는지…… 아, 이제는 그 소리가 그립다. 아름답고 활기찬 소리였다.

나의 기억 속에는 지금과 비슷한 풍경이 있다.

1980년 내가 대학교 1학년 때, 신군부가 득세하고 대학교를 통제하던 때의 모습이다. 당시 많은 학생들이 검은색 교복을 입고 학교에 다녔다. 사실 사복을 입어도 큰 차이는 없었다. 청바지나 반바지, 화려한 색상의 옷차림을 하는 학생은 없었다. 학생도 많지 않던 시절이라 교정은 늘 한산하고 어두컴컴했다. 최루탄 냄새와 연기가 늘 매캐했고, 건물 출입도 자주 통제되었다.

학생들 사이사이에는 소위 '짭새'라고 불리는 사복경찰들이 있었고, 그들은 학생들을 감시하고 있었다. 학생 같은 차림을 하고 수업에도 학생인 양 들어오곤 했지만, 우리는 금방 구별해낼 수 있었다. 알면서도 그냥 같이 생활했다.

세상이 바뀌어서 지금은 자유의 세상이다. 캠퍼스는 활기차고 감시와 통제는 없어졌다. 하지만 코로나19는 옛 사진을 다시 꺼내보게 한다. 우리는 다른 형태로 감시당하고 있다. 나의 출입은 항상 기록에 남는다. 나의 전화번호는 다른 사람에게 공개된다.

마스크를 깜박 안 쓰고 나오면 누가 나를 감시하며 당장이라도 뭐라고 할 것 같다. 기침이 나오면 옆 사람 눈치를 본다. 전화가 와도 큰 소리로 말을 못한다. 친구들과 만나 왁자지껄 떠드는 것도 힘들다.

이러한 새로운 풍경을 먼 훗날 우리는 어떻게 기억할까. 2020년 감염병의 시대, 아픈 기억이지만 좋은 기억도 있을 것이고, 추억도 있을 것이다. 암울했던 1980년에도 나에겐 좋은 추억이 있다.

우리는 지금 미래를 보고 있다. 우리가 지금의 상황에 어떻게 대처하고 극복하는지에 따라 우리의 미래가 결정될지도 모른다.

코로나19의 영향으로 모든 대학이 급작스럽게 온라인 강의를 시작했다. 학교 당국은 우왕좌왕했고, 온라인 강의 경험이 전혀 없는 대부분의 교수들도 당황했다.

나는 뉴욕에서 첫번째 온라인 강의를 시작했지만, 이후 코로나 확진자가 되어 병원 신세를 지면서 강의를 계속할 수 없는 처지에 놓였다. 처음 병실에 들어가자마자 들었던 생각은 '강의는 어떡하지?'였다. 병실에는 와이파이도 연결되지 않았고, 책상도 없었다. 결국 다른 교수에게 대강代講을 맡겼고 퇴원 후에나 강의를 재개할 수 있었다.

만약 지금과 같은 상황에서 우리에게 디지털 기술이 없었다고 가정해보자. 우리는 아무것도 할 수 없었을 것이다. 온라인 미팅도, 온라인 강의도, 온라인 쇼핑도 할 수 없다. 회사에서는 전화통에 불이 났을 것이다. 비대면으로 음식을 주문해 먹기도 까다롭고 학생들의 교육권은 쪼그라들었을 것이다. 완전한 마비 상태에 빠지는 것이다. 그러나 우리는 현재 각종 디지털 기술의 혜택으로 생존권과 기본권을 어느 정도 보장받고 있다.

문제는 이 디지털 혜택의 불평등과 격차가 계속 심화된다는 점이다. 좋은 사립학교일수록 더 질 좋은 온라인 교육을 제공한다. 온전한 디지털 기기를 갖추어야만 제대로 누릴 수 있는 혜택도 너무나 많다. 2020년 7월 미국의 트럼프 대통령은 미국 학생들의 수학 능력 수준이 50% 가깝게 떨어졌다고 말했다. 학교 교육을 빨리 정상화해야만 한다는 취지에서 한 말이다. 하지만 좋은 사립학교들은 시설에 더 투자하고 더 안전하고 좋은 환경을 제공한다. 아이들 간의 교육 수준과 빈부 격차는 더욱 커질 것이다.

한국의 대학생들은 등록금 반환을 요구하고 있다. 온라인을 통해 충분한 교육을 받지 못하고 학교 시설도 사용하지 못하기 때문에 돈을 돌려달라는 것은 일면 타당해 보인다. 하지만 대학도 어렵기는 마찬가지다. 학생들이 캠퍼스에 오지 않는다고 비용이 절감되지는 않는다. 오히려 온라인시스템을 새로 구축하기 위해 더 많은 비용을 지불해야 하는 상황이다.

내 경험으로는 온라인 비대면 교육 자체가 반드시 교육의 질을 저하시키는 것은 아니다. 온라인 강의의 장점도 많다. 강의 도중 채팅을 통해 교수에게 자유롭게 질문하거나 코멘트하는 기능은 오프라인 강연에서는 거의 불가능한 일이다. 더 자유로운 환경에서 학생들의 참여를 늘리고 깊은 사고를 독려할 수 있다는 장점도 있다.

분명한 것은 앞으로 코로나19 이후에도 온라인 교육의 비중은 점점 높아질 것이고 이에 대비해야 한다는 사실이다. 우리는 대학 교육의 개혁에 대해 오랫동안 얘기해왔지만 매우 중요한 것을 놓치고 있었는지 모른다. 나는 25년 동안 교수로 일하면서 많은 변화를 경험해왔다. 그동안 대학의 하드웨어는 완전히 변했다. 25년 전 캠퍼스 사진을 보면 지금과는 전혀 다른 곳이다. 그러나 교수와 학생의 관계, 강의 스타일 등 소프트웨어는 크게 변하지 않았다. 우리는 새로운 변화에 적응하지 못하고 있었다.

코로나19의 확산은 우리를 변하지 않으면 안 되게 만들었다. 대학 교육도 필수적으로 디지털 시대로 옮겨갈 수밖에 없게 되었다. 앞으로 디지털 기술의 활용은 크게 늘어날 것이다.

대학은 자유롭고 평등해야 한다고들 말한다. 대학은 유토피아를 미리 경험하는 공동체가 되어야 한다. 따라서 환경적 변화에 빠르게 적응해야 하고, 새로운 변화를 선도해나가야 한다. 반면 대학은 권위적 집합체이기도 하다. 대학에서 교수의 권위는 무척 중요하다. 아마 대학 조직은 오랫동안 기존의 권력관계에 안주하며 디지털 기술이 열어준 다양한 변화를 무의식중에 거부하고 있었는지 모른다. 강의실에서 교수는 강단에 올라 있고 학생들은 굳게 닫힌 문 안 작은 의자에 꼼짝 못하고 묶여 있는 모습이 미래의 교육은 아닐 것이다.

코로나가 아웃팅시킨 성소수자들

성소수자 혐오는
정의가 아니다

2020년 5월 이태원 클럽발 코로나19 확진자가 급증하면서 수도권을 중심으로 2차 집단감염 사태가 발생했다. 사회적 거리두기 등 방역에 대한 태도가 느슨해졌던 우리 사회는 다시 긴장하기 시작했다.

이 사건은 신천지 집단감염 때와는 또다른 파장을 일으켰다. 코로나19 확진자들이 방문했던 이태원 클럽과 강남 논현동 수면방이 동성애자들이 자주 이용하는 대중시설로 알려지면서 성소수자를 향한 과도한 관심과 불필요한 오해가 생겨났다. 한국 사회에서 더없이 예민한 이슈, 성소수자 인권 문제가 수면 위로 올라온 것이다. 코로나 사태는 동성애자 혐오의 화약고에 불을 댕긴 듯했다.

'동성애는 정신병이니 중국처럼 금지, 처벌해야 한다.'

'성소수자 명단을 만들어 코로나 사태가 끝날 때까지 관리해야 한다.'

내가 가장 걱정했던 부분은 확진자가 다녀간 장소의 특성이 지나치게 부각되면서 성소수자들이 원하지 않는 '아웃팅'을 당하는 것이었다. 아웃팅은 자신이 동성애자라는 사실을 주위 사람들에게 밝히고 싶지 않음에도 밝힐 수밖에 없게 되는 '강제 커밍아웃'이다. 신종 코로나 검사 과정에서 성정체성이 의도치 않게 드러날 수 있고, 확진자와 동선이 겹쳐 의료기관을 찾는 그 자체로 성소수자로 낙인찍힐 수 있는 상황이었다.

경기도는 2020년 5월 10일 도내 모든 클럽 등 유흥시설에 '집합금지' 행정명령을 내리면서, 특별히 서울 이태원동 소재 6개 클럽과 논현동 수면방을 출입한 방문자들에 대해 감염 검사를 의무화했다. 하지만 2천여 명이 넘는 인원이 연락두절 상태였다. 대부분의 클럽 방문자가 검사를 피하고 있었다. 실제로 한 동성애 커뮤니티에 '이태원이나 블랙수면방 갔다 온 사람들, 절대 검사 받으러 가지 마'라는 제목의 글이 올라오는 등 성소수자들에게 코로나 검사를 받지 말라고 경고하는 내용의 글이 속출했다. 강제 커밍아웃을 당할 수도 있다는 염려 때문이었다. 우리 사회에 횡행하던 혐오와 배제를 생각하면 동성애자들 입장에서는 어쩌면 당연한 반응이었을지도 모른다.

이들이 코로나 검사를 받게 하려면 사회적 낙인과 마녀사냥을 멈춰야 했다. 하지만 뉴스와 네티즌들은 방역에 초점을 두기보다 성소수자에 대한 자극적 기사와 편견을 쏟아냈고, 그들에 대한 차별적 발언이 무차별적으로 퍼지고 있었다. 사실은 일반 클럽에서도 확진자가 나와서 코로나19가 재확산된 건데, 성소수자 클럽이 포함되어 있다는 이유만으로 성소수자 집단 전체가 마녀사냥을 당했다.

고민 끝에 정부가 생각해낸 방법은 '익명검사'였다. 익명검사는 신분 노출의 우려가 없고, 원할 경우 이름도 비워둔 채 보건소별 번호를 부여하는 방식이었다. 이후 검사 결과 안내 등을 위해 최소한의 정보(주소와 전화번호)만 받고 검사를 진행했다. 정부는 신천지 사태를 겪고 교훈을 얻은 듯했다. 사회적 지탄이 높아지자 교인들이 수면 위로 드러나지 않게 잠적한 데 대한 학습효과다.

익명검사는 효과적이었다. 정확한 수치는 알려지지 않았지만, 도입 이후 서울의 검사 건수는 평소 대비 8배가량 뛰었다고 한다. 하지만 검사 건수의 증가 원인은 익명검사 시행 때문만은 아니다. 익명성 보장은 물론 이태원 방문자에 대한 전원 무료검사, 검사 미이행시 처벌 등의 요인이 복합적으로 작용했을 것이라 여겨진다. 그럼에도 익명검사라는 아이디어는 분명히 효과를 발휘했을 것이다. 더불어 인권을 최대한 지킬 수 있는 방책이기도 했다.

성소수자에 대한 차별과 혐오를 멈추어야 한다는 의견들도 증가하기 시작했다. 수년 전 제주도에 예멘으로부터 난민이 들어왔을 때 초기에는 난민을 거부하는 여론이 확산되고 청와대 국민청원에 수십만 명이 난민 수용 거부를 표명했지만, 그러한 사태를 겪으면서 사회적 논의를 거쳐 난민에 대한 이해가 깊어진 양상과 비슷했다. 성소수자의 인권에 대해 생각해보지 않았던 국민들이 이번 사태를 계기로 그들이 겪는 고통에 대해서도 이해하고 좀더 포용하게 되길 바란다.

코로나19 확진자들이 방문했던
이태원 클럽과 강남 논현동 수면방이
동성애자들이 자주 이용하는 대중시설로
알려지면서
성소수자를 향한 과도한 관심과
불필요한 오해가 생겨났다.
한국 사회에서 더없이 예민한 이슈,
성소수자 인권 문제가 수면 위로
올라온 것이다.
코로나 사태는 동성애자 혐오의 화약고에
불을 댕긴 듯했다.

신상 털기와
마녀사냥,
슈퍼 전파자의 눈물

낙인, 차별, 배제의 지옥

우리는 2015년 메르스 사태로 큰 고통을 겪었고, 그후 다시 닥친 전염병 사태에서 모범적으로 코로나19에 대처하고 있다. 감염병 확산에 어떻게 대처해야 하는지, 어떻게 환자를 격리해서 치료해야 하는지, 또 어떻게 환자의 동선을 추적하는지도 배웠다.

하지만 환자를 어떻게 배려해야 하는지는 아직도 배우지 못한 것 같다. '사회적 낙인'은 팬데믹 시기에 가장 첨예한 인권 문제이다. 이러한 문제는 팬데믹 이후에도 상당 기간 오래 갈 수 있다.

메르스는 2012년 중동지역에서 처음 발생했다. 우리나라에서는 2015년 첫 감염자가 생긴 후 총 186명의 환자가 발생했고, 38명이 사망하는 피해를 남겼다. 특히 환자들의 정신적 고통이 컸다. 국립중앙의료원 외 4개 기관 및 병원 연구팀에 따르면 당시 생존자의 42.9%는 외상후스트레스장애, 27%는 우울증, 22.2%는 극단적 선택 등의 충동을 보였으며 28%는 불면증을 호소했다고 한다.

힘든 시간을 보낸 유가족 및 격리 해제자를 대상으로 상담한 결과, 그들이 가장 힘들었던 것은 잘못된 정보로 인한 사회적 낙인이라고 한다. 완치 뒤에도 계속 병원에 머물러야 하는 고통과 퇴원 후에도 집에만 머물러야 하는 갑갑함은 매우 힘든 일이다. 또 격리되었다는 점을 과도하게 걱정하는 주변의 시선도 큰 부담이 되었다고 한다.

평범한 가장이었던 중년 남성은 대장 용종을 제거하기 위해 한 병원을 방문했다가 감염되었고, 그 이후 다른 종합병원 두 곳의 메르스 전파자가 됐다. 그로 인해 감염된 환자는 25명이었고, 이중 11명이나 숨지면서 A씨에게는 '슈퍼 전파자'라는 낙인이 찍혔다.

본인도 바늘로 찌르는 듯한 고통을 이겨내고 퇴원했지만, 회복의 기쁨보다는 죄책감과 슬픔에 시달렸다고 한다. 그가 운영하던 사업장은 '메르스 슈퍼 전파자'네 가게라고 소문나 문을 닫아야 했다. 팔다리 통증과 함께 우울증이 후유증으로 남았다. 그는 메르스 백신 연구에 피실험자로 3년이나 참여했는데, 지금 다른 피해자들과 함께 정부를 상대로 소송을 준비하고 있다고 한다. 그뿐만 아니라 메르스 확진환자들이 거쳐간 병원으로 이름이 공개된 곳은 사람들로부터 '메르스 병원'으로 낙인찍혀 경영난을 겪고 폐업하기까지 했다.

역사상 질병으로 인한 사회적 낙인의 가장 큰 피해자가 되었던 이들은 한센병 환자들인 것 같다. 일제강점기 무렵 나균에 감염되어 피부 조직이 변형되어간 한센병 환자들은 차별,

박해, 배제의 희생자들이다. 한센병은 전염력이 매우 낮음에도 불구하고 눈에 띄는 피부의 증상으로 인해 환자들은 사회에서 강제로 격리당했다. 해방 직후에도 소록도 한센인 대표자들이 원생들에 대한 처우를 개선해달라고 요구하자 요양원측은 함정을 파서 집단학살했다. 이 사건이 1945년 8월 22일의 '84인 학살 사건'이다. 한센인들을 한 줄로 세워 총을 쏘아서 구덩이에 떨어지게 하거나 발로 구덩이에 처넣는 등의 만행이었다. 이 당시 총 90명 중 84명이나 사망했다. 그들은 이미 사회적으로 낙인찍힌 약자들이었음에도 불구하고, 그토록 참혹하게 학살당할 만큼 한센병 환자들에 대한 혐오와 두려움이 사회에 만연했다.

소록도 한센인 요양원은 해방 후에도 50년 이상 운영되다가 1988년이 되어서야 문을 닫았다. 해방 후 좌익과 우익이 대립하는 상황에서도 한센병 환자들은 희생양이 되었다.

지금도 한센병 환자들은 증상이 완전히 나아 회복되어도 나병 환자라는 꼬리표가 끝까지 붙어다닌다고 한다. 2007년 정부는 한센인특별법을 제정하여 과거의 인권 침해를 인정하고 생활보장 등의 지원책을 시도하고 있다. 그러나 사회적 낙인과 차별은 아직도 계속되고 있다. 부모가 한센병력자라는 이유로 그 자녀도 학교, 직장, 결혼생활 등에서 어려움을 겪기 때문에, 환자들은 가족과도 아예 연락을 끊고 사는 경우가 많다.

코로나19 환자에 대한 낙인, 차별, 배제는 없을까. 환자의 수가 많고 외상이 없다는 점에서 차이가 있을지 모르지만, 그런 가능성을 완전히 배제할 수는 없다.

코로나19 확진자 추적과 개인정보 공개의 문제에 대해서는 앞서 다루었다. 낙인찍기는 누군가를 비난의 대상으로 만들어 현상황에 대한 책임을 전가하는 방법이다. 동시에 특정인들을 상종 못할 집단으로 만든다. 상대적으로 소수이고 예외적으로 인식되었던 메르스에 비해 코로나19는 훨씬 광범위하고 각 개인의 일상 반경에 침입해 위협적인 측면이 있다. 그 과정에서 과녁의 대상이 되는 이들도 자연히 더 늘어난 것 같다. 중국인, 신천지, 보수교회, 성소수자 등이 낙인의 대상이 되었다.

코로나 환자를 일방적 가해자로 바라보는 시각은 사라지지 않고 있다. 코로나 시국이 장기화되면서 기약 없는 상황에 지친 상태에서 우리는 서로에게 책임을 돌리고, 방역 기준을 지키지 않는 시민들에 대해 분노한다. 실직자는 급증하고 취업준비생들의 상실감 등 부정적 에너지가 사회적으로 폭발하여 낙인찍기로 나타난다. 취약계층에 대한 비난과 혐오로 분풀이를 하는 듯 보인다.

최근 회사 사내 익명 커뮤니티에는 자신이 다니는 회사에서 '코로나 1호' 환자로 낙인찍히지 않을까 불안한 마음을 토로하는 글이 자주 올라온다고 한다. 이들이 가장 걱정하는 것은 '개인을 겨냥한 신상 털기'다. 마녀사냥식으로 이루어지는 확진자에 대한 공개 비난 때문에 사회 복귀 후에도 스트레스를 견디지 못해 극단적 선택을 하는 사람들도 있다. 실제로 최근 코로나 확진 판정을 받고 2주간 치료 후 격리 해제된 회사원이 퇴원 직후 자택에서 숨진 채 발견되기도 했다.

우리 사회에는 피해자가 가해자로 인식되는 경우가 유난히 많은 것 같다. 한센병과 메르스 환자들은 남에게 피해를 줄까봐 더욱 소극적으로 변해갔다. 코로나 환자들도 마찬가지다. 피해자임에도 불구하고 가해자가 된 것 같은 죄책감과 스트레스에 휩싸이는 경우가 많다. 나도 퇴원 후 사람들을 만나는 것을 꺼리곤 했다. 그들이 코로나19를 경험한 나를 두려워할지도 모른다는 걱정 때문이다. 결국 사회가 약자를 강제로 침묵시키는 셈이다. 피해자가 당당히 자신의 권리를 말하고 일상으로 복귀할 수 있는 환경, 피해자가 피해자로서 존중받을 수 있는 사회가 되기를 바란다.

팬데믹 속에
폭발한
구조적 인종차별

다문화사회, 공존의 가치

조지 플로이드가 경찰에게 목이 졸려 죽었다. 흑인 시민이 백인 경찰에게 살해당한 것이다.

시민을 보호해야 할 경찰관이 8분 46초 동안 '시민' 조지 플로이드의 목을 눌렀다. 이 사건은 한 시민에 의해 녹화되어 SNS를 통해 전 세계에 적나라하게 공개되었다. 사건이 일어난 미니애폴리스에서 시작된 시위는 전국적으로 퍼졌다.

몇 달 후, 위스콘신주의 커노샤라는 도시에서 또다른 사건이 발생했다. 경찰이 제이컵 블레이크라는 비무장 흑인 남성을 그의 어린 세 아들 앞에서 일곱 차례나 총으로 쏘는 영상이 사람들의 분노를 샀다. 수백 명이 거리로 나와 항의 시위를 벌였다.

미국의 인종차별 문제는 어제오늘 이야기가 아니다. 저 두 사건뿐만 아니라 아무도 모르게 지나간 사건도 많을 것이고, 목숨과 직결되지는 않더라도 흑인들이 미국 사회에서 겪어야 하는 각종 인종차별은 더더욱 많을 것이다.

미국의 확진자들을 분석한 연구 결과, 유색인종일수록 신종 코로나바이러스 감염률과 사망률이 높다고 나왔다. 실제로 아프리카계 미국인은 백인보다 코로나바이러스에 훨씬 더 많이 감염되었다. 왜 그럴까? 흑인이 백인에 비해 바이러스에 취약하기라도 한 것일까? 하지만 연구 결과는 원인이

유전자가 아니라 이미 형성된 '구조적 인종차별'에서 비롯된 것이라고 말한다.

그럼 팬데믹 상황에서 어떤 구조적 인종차별 문제가 있는지 되짚어보자.

우선, 경제적 불평등이 존재한다. 플로이드 사건이 발생한 미니애폴리스 지역에서 흑인 가구의 중위소득은 백인 가구의 절반에도 못 미친다. 백인은 8만 5천 달러, 흑인은 3만 8200달러다. 흑인이 백인에 비해서 경제적으로 어려움을 겪고 있음이 자명하다. 이러한 경제적 취약성은 열악한 건강 상태로 이어진다. 경제적 어려움으로 인해 질이 낮은 음식을 먹는다면, 기저 건강 상태가 악화될 수 있다. 실제로 미국에서는 아프리카계 미국인들이 백인들보다 당뇨병과 심장질환, 폐와 면역체계를 약화시키는 고혈압에 걸릴 가능성이 더 높은 것으로 조사됐다. 기저 질환이 있는 사람들은 코로나19에 걸렸을 때 더욱 심각한 증상을 경험할 수 있다. 이러니 영양 상태가 열악하고 기저 질환이 많은 흑인 계층이 코로나19에 더 취약하다는 것은 너무나 자연스러운 귀결이다.

거주 문제도 있다. 미국에서는 흑인들이 주로 모여 사는 지역과 백인들이 사는 지역이 나뉘는 거주 분리 현상을 찾아볼 수 있다. 이러한 지리적 차이에 더해, 상이한 주거 환경도 문제다. 많은 소수 인종 가정이 소각장이나 매립지 근처에 살고 있다. 또 고속도로나 산업지대 인근에 있는 학교를 다니는 소수 인종도 자주 찾아볼 수 있다. 이러한 환경은 거주자들을 코로나19와 같은 폐 관련 질환에 더 취약하게 만든다. 유색 인종이 많이 사는 지역의 감염률이 백인이 많이 사는 지역에 비해 8배, 치명률은 9배 높다는 연구 결과도 찾아볼 수 있다.

직업적 요인도 있다. 코로나19로 인해 많은 사람들이 일자리를 잃었다. 코로나 시대의 노동자는 크게 세 가지 그룹으로 분류할 수 있다. 코로나19로 인해 일자리를 잃은 그룹, 일자리는 있지만 바이러스에 노출된 그룹, 재택근무가 가능한 그룹. 안타깝게도 흑인들과 대부분의 소수 인종은 첫번째와 두번째 그룹에 속한다. 첫번째 그룹은 일자리를 잃어 경제적 불평등을 겪는다. 두번째 그룹은 현장에서 안전거리를 확보하지 못하거나, 숙소에 많은 사람들과 같이 생활하여 고립되는 경우가 많다. 이러한 환경에서는 살충제 등 유해 물질에 노출되기 때문에 면역체계가 약해지고 감염병에 취약해지기 쉽다.

이에 더해 문화적 요인으로 인한 구조적 인종차별을 겪기도 한다. 미국의 흑인 남성 중 대다수가 공공장소에서 마스크를 착용하는 것을 불편해한다는 조사가 있다. 자신의 건강을 보호하려고 마스크를 쓰면 '흑인은 불량하다'는 인종적 편견 때문에 감출 게 있는 범죄자로 몰릴 수 있기 때문이다. 사회의 편견이 마스크를 착용하지 못하도록 막는 역설적인 역할을 하는 것이다. 이 외에도 다양한 구조적 인종차별이 빚어놓은 사회적 문제들이 코로나와 플로이드 사건으로 속절없이 드러났다.

나는 보스턴 유학 시절 인종차별을 당한 경험이 있다. 보스턴은 정치적으로 매우 진보적이지만, 유색인종에 대한 뿌리깊은 인종차별이 있는 도시이기도 하다. 절대로 가서는 안 된다는 특정 지역도 있었다. 어떤 인도인이 모르고 그 지역에 갔다가 몰매를 맞고 자동차가 다 부서진 채로 왔다는 얘기도 들었다. 또 미국 대부분의 지역이 그러하지만, 흑인들이 많이 모여 사는 지역이 있다. 그런 곳은 우범지역이라 절대 가서는 안 된다고들 했다.

보스턴에 있을 때 자동차에 문제가 생겨 수리소에 자주 갔다. 그런데 거기서 일하는 직원이 노골적으로 나를 차별했다. 긴 줄을 서서 기다린 후 내 차례가 되어도 나보다 늦게 온 백인들을 먼저 서비스해주었다. 나는 누구보다도 오랜 시간을 기다려야 했다. 이런 일은 지속적으로 반복되었고, 불평해도 받아들여지지 않았다.

나는 그 회사의 매니저를 만나려고 시도했지만 그마저도 허용되지 않았다. 회사로 전화해 우여곡절 끝에 사장과 통화했는데, 미안하고 즉각 시정하겠다고 구두로 얘기했으나 그 후에도 변화는 없었다. 당시는 이메일이 없던 시절이라서 나는 내용을 증명하여 본사의 회장에게 손글씨 편지를 적어 보냈다. 그동안의 경위와 인종차별의 내용을 상세히 적으며, 만약 이 문제를 해결하지 않으면 고소하겠다고 썼다. 얼마 후 회장으로부터 장문의 답장이 왔고, 깊은 사과와 함께 그 직원을 해고하겠다고 밝혀왔다.

나는 그후에도 그 수리소에 자주 갔는데, 다시는 그 직원을 볼 수 없었고 모두 나에게 친절했다. 물론 순서를 어기는 경우도 없어졌다. 나는 이게 미국의 위대함이라고 생각했다. 개인이 누군가를 차별할 수는 있지만, 그것을 문제삼고 시정할 수 있는 제도가 살아 있기 때문이다.

그럼에도 구조적 인종차별은 여전히 남아 있다. 거의 40년이 지난 지금도 미국의 심각한 인종차별은 사라지지 않았다.

최근 〈미국 수정헌법 제13조〉라는 다큐멘터리를 보았다. 미국 수정헌법 13조는 흑인들을 노예에서 해방시키고 참정권을 준다는 내용을 담고 있다. 그런데 이 헌법은 인종차별 철폐를 위한 순수한 노력이 아니었고, 그 이후에도 범해진 조직적인 인종차별의 초석이 되었다. 예를 들어 수정헌법이 만들어진 이후에 미국 교도소에는 수감자들이 급격히 늘어났는데, 대부분은 흑인이었다. 흑인들을 감옥에 가둬 선거에 참여할 수 없게 하기 위해 자행된 일이다.

아직까지도 조지 플로이드나 제이컵 블레이크가 당한 것과 비슷한 사건이 계속 발생하는 가운데, 트럼프 대통령은 '법과 질서'를 내세워 강경 대응을 정당화하고 시위 주도 세력을 '폭도'나 '폭력배'로 몰아붙였다. 바이든 후보가 집권하면 '무법천지'가 될 것이라며 시위대에 대해 극좌 폭동꾼이라는 프레임을 씌운다. 하지만 정치적인 얘기를 떠나, 이 문제는 법과 질서만 내세운다고 해결될 문제가 아니다. 구조적 문제들을 하나씩 해결해야 한다.

우리나라에 살고 있는 이민자도 계속 증가 추세에 있다. 외국인 이주노동자와 다문화 가정도 지속적으로 늘고 있다. 법무부 통계에 따르면 2019년 12월 기준으로 이주민은 전년 동기에 비해 6.6% 늘어났다. 이 수치는 대한민국 전체 인구의 4.9%에 해당하는데, 통상 학계에서 소수민족 비율이 5%를 넘으면 다문화사회로 분류된다. 이를 참고하면 우리나라는 이제 다문화사회의 코앞에 다다른 셈이다.

한편, 다문화사회를 맞이하는 우리 사회의 그림자도 있다.

이주민에 대한 차별 문제가 계속 늘어나고 있다는 것이다. 난민들에 대한 차별 문제도 있다. 2018년 1월부터 예멘인 500여 명이 제주도로 입국해 난민 지위를 신청했다. 하지만 한국은 그해 6월 1일 무비자 입국 대상국에서 예멘을 제외해 버렸다. 2019년 12월 기준 난민 신청자 6만 4358명 중 심사가 끝난 2만 8600명 가운데 1022명만이 난민으로 인정됐고, 2217명이 인도적 체류 허가를 받았다. 숫자가 보여주듯이 우리나라 난민 수용률은 매우 낮다. OECD 국가 중에서 꼴찌에 가깝다. 이게 우리의 수준이다.

우리나라에도 분명 구조적 인종차별 문제가 존재한다. 미국의 인종차별 문제를 반면교사로 삼아, 보다 성숙해지는 한국 사회가 되었으면 한다. 인권은 오직 '함께'라는 가치 위에서만 굳건하게 설 수 있다.

코로나19와 함께 탄생한 신조어 '플랜데믹'

음모론 vs. 표현의 자유

'미국의 빌 게이츠 마이크로소프트 창업주와 엘리트 집단이 계획적으로 바이러스를 만들었다'고 주장하는 다큐멘터리 〈플랜데믹Plandemic〉이 온라인상에서 급속도로 퍼졌다. 플랜데믹이란 팬데믹pandemic(전염병 대유행)과 플랜plan(계획)을 합친 용어로 '계획된 전염병 대유행'이라는 뜻이다. 이 다큐멘터리는 코로나19라는 전염병의 대유행이 '계획'되었다는 주장을 하고 있다.

다큐멘터리에 나오는 '주디 마이코비츠'가 허언증이 있는 것인지, 아니면 정말 음모가 있는 것인지 궁금해져 어렵사리 영상을 찾아 시청해보았다. 세계보건기구와 소수 엘리트들이 백신 개발로 이익을 얻기 위해 바이러스를 퍼뜨렸다는 것이 주내용이었다. 다큐멘터리를 보니 그럴듯하게 느껴졌다.

〈플랜데믹〉에서 주디 마이코비츠는 앤서니 파우치 미국 국립알레르기전염병연구소 소장이 자신이 주도한 연구를 매장해버렸다고 주장했다. 그녀의 주장에 따르면 파우치 소장도 그 엘리트 집단의 일원이다. 이와 함께 마스크 착용이 오히려 바이러스를 활성화시킨다는 내용도 나왔다. 이는 코로나 초기에 잠시 떠돌았던 풍문과 유사하다. 이 잘못된 상식이 주디 마이코비츠를 통해 나온 것인가 잠시 생각했다. 실제로 3월쯤 미국에서는 '마스크를 쓰지 마라. 바이러스가 입안에 있는 게 더 위험해서 권장하지 않는다'는 얘기들이 있었다. 뜬소문이 돌던 시기에 나는 뉴욕에서 마스크를 쓰지 않고 다니다가 코로나에 감염되었다.

5월 초 공개된 이 다큐멘터리는 일주일 만에 수백만 명이 시청했다. 〈뉴욕 타임스〉가 페이스북 데이터를 분석해 영상이 퍼진 경로를 추적한 결과, 동영상 유통의 시작은 '큐어넌QAnon'과 같은 극우 음모론 신봉집단이었다. 다큐멘터리가 이 집단의 SNS에 올라오면서 퍼져나갔고, 이후 의료 전문가와 공화당 정치인 등이 영상을 공유했다. 잘못된 정보 확산의 중심에는 보수 집단이 있었다고 〈뉴욕 타임스〉는 설명했다.

가짜뉴스를 촉발한다는 논란이 불거져 현재 〈플랜데믹〉은 어둠의 경로를 통해서만 볼 수 있다. 〈플랜데믹〉이 팬데믹에 미친 영향은 심대하다. 이 다큐멘터리가 나온 이후 '인포데믹' 즉, 정보전염병이라는 말이 본격적으로 돌기 시작했다고 하니, 팬데믹의 혼란이 어디까지 뻗어나갈지 우려된다.

미국에선 SNS를 통해 #SaveTheChildren 해시태그가 급속히 퍼지고 있다. 좋은 의도처럼 보이지만 이 역시 큐어넌이 퍼뜨리고 있는 것이라고 한다. 이 해시태그를 클릭하면 큐어넌의 각종 음모론들이 쏟아져나온다. 한편 트럼프는 그에게 우호적인 큐어넌 추종자들을 '애국자'라고 말했다. 대통령이

지지 의사를 밝힌 상태에서 이 허무맹랑한 가짜뉴스와 음모론은 확산을 막을 수 없는 단계에 이르렀다고 여겨진다.

더 극단적으로는 코로나바이러스가 아예 존재하지 않는 허구라고 믿는 사람들도 있다. 2020년 8월, 스페인에서는 정부의 제한조치에 반대하고 마스크 착용을 거부하는 대규모 시위가 열렸다. 스페인 수도 마드리드의 콜론 광장에 모인 사람들은 정부가 코로나19와 관련해 국민을 속이고 있으며, 전 세계 정부도 언론을 통해 감염 규모를 과장하고 있다고 주장했다. 시위대 일부는 다큐멘터리 〈플랜데믹〉에서 코로나 백신이 수백만 명을 숨지게 만들 것이라는 내용을 언급했다. 잘못된 정보의 전염 현상이 세계 곳곳에 퍼지고 있는 것이다.

코로나19가 계획되었다는 주장은 또다른 곳에서도 나오고 있다. 홍콩 출신의 옌리멍 박사는 코로나19가 중국 우한의 바이러스연구소에서 인위적으로 만들어졌다고 '폭로'했고, 최근 이를 뒷받침하는 논문까지 공개했다.

4월, 미국으로 망명한 옌리멍 박사는 '코로나19는 중국 인민해방군의 군사실험실에서 나왔다' '사람 간 감염 가능성을 국제사회에 일찍 알릴 수 있었으나 중국 정부와 세계보건기구가 막았다'는 등의 주장을 이어갔다.

그가 발표한 논문에서는 바이러스가 인위적으로 만들어졌

다는 주장에 대한 근거와 함께 만드는 방법까지 제시하고 있다. 이 논문은 바이러스를 만드는 과정은 총 4단계로, 6개월이면 충분히 만들 수 있다고 주장했다.

실제로 코로나19 창궐 초기에 현재 바이러스 발원지로 파악되고 있는 우한의 화난수산시장이 아닌, 우한 바이러스연구소에서 감염이 시작되었으나 이를 함구하고 있다는 '찌라시'가 계속 나왔다. 트럼프 대통령도 코로나19가 우한 바이러스연구소에서 발원했다는 증거를 봤다고 말하면서도 그 근거나 이유에 대해서는 말을 아꼈다. 그래도 온갖 음모론 가운데 이 주장은 꽤 그럴듯하다고 생각했는데, 또 어느 순간 소문이 사라졌다. 뜬소문이었던 것이다.

옌리멍 박사를 통해 다시 나온 우한의 바이러스 근원지에 대한 의문은 폭발적인 반응을 일으켰다. 하지만 이후 쏟아져 나온 기사를 보니 그녀는 미국 내 반중反中 단체 소속이며, 그녀가 게시한 내용이 트위터 정책을 위반했다는 이유로 계정마저 정지되었다. 페이스북과 인스타그램은 게시된 옌 박사의 인터뷰 영상에 '가짜뉴스' 경고 문구를 삽입했다.

학계에서도 옌리멍 박사의 논문을 신뢰하기 어렵다고 본다. 옌 박사 연구팀에는 믿을 수 있는 전염병 전문가가 없으며, 연구팀이 엄격한 과학계 검증을 거치는 대신 일단 관련

내용을 온라인에 퍼뜨렸다는 점에서 신뢰성이 떨어진다고 한다. 논문 전개 과정도 과학적 근거를 제시하는 것보다는 음모론에 가깝다는 입장이다. 그녀의 주장이 '허위 정보'라는 경고를 여기저기서 하고 있는 셈이다.

우리는 가짜뉴스의 홍수 속에 살고 있다. 무엇이 진짜이고 가짜인지 구별하기 어렵다. 디지털 기술이 발달하면서 표현의 자유가 더 활성화되고 SNS를 통해 누구나 자유롭게 정보를 유통하고 배포하는 것이 가능하다보니 검증되지 않은 뉴스가 많이 생성된다.

그렇다면 어떻게 가짜뉴스를 구별해낼 것인가. 누가 진위 여부를 판단할 수 있을까.

가짜뉴스의 폐해가 크다고 SNS나 인터넷 게시판에 올라오는 모든 글을 감시하고 처벌한다면 다른 방향의 부작용이 일어날 것이다. 만약 그렇다면 어떻게 될까. 실제로 누군가가 진실을 얘기하고 있는데, 권력자가 정치적 목적으로 가짜로 몰아 처벌한다면 어떻게 하나. 또 진짜인지 가짜인지는 누가 판단할 것인가.

실제로 UN 표현의 자유 특별보고관은 가짜뉴스를 형사처벌하고 규제하는 것은 표현의 자유 및 인권 침해라고 판단한다. 인간은 누구나 자신의 의견을 자유롭게 표현할 수 있어야 하는데, 이러한 규제는 인간의 자유를 박탈하는 결과를 초래할 수 있기 때문이다.

문제는 이러한 가짜뉴스가 누군가를 차별하고 혐오하는 결과를 낳는 경우이다. 소수자에 대한 차별과 배제는 발언한 사람의 의도와 관계없이 상대에게 큰 피해를 줄 수 있다. 우리가 진실과 거짓을 판단할 수 있는 역량을 키운다면 가짜뉴스 자체는 문제가 되지 않는다. 그것이 어떻게 활용되는가에 따라 피해가 일어날 따름이다.

전 세계가 믿을 수 없는 공포와 혼란에 빠진 요즘, 나는 종종 한숨을 쉬며 '가짜뉴스'뿐 아니라 이 모든 팬데믹 상황이 '가짜'였으면 좋겠다고 생각한다.

우리는 가짜뉴스의 홍수 속에 살고 있다.
무엇이 진짜이고 가짜인지
구별하기 어렵다.
어떻게 가짜뉴스를 구별해낼 것인가.
누가 진위 여부를 판단할 수 있을까.
실제로 누군가가 진실을 얘기하고 있는데,
권력자가 정치적 목적으로 가짜로 몰아
처벌한다면 어떻게 하나.

UN 시민적·정치적 권리위원회의 한국인 최초 위원이 되다

다시, 인권으로

UN 시민적·정치적권리위원회 위원 선거는 원래 2020년 6월로 계획되어 있었다. 이 선거에 출마한 나는 선거운동을 위해 2월과 3월에 뉴욕을 방문했고, 4월에도 한 차례, 또 선거가 있는 6월에도 뉴욕을 방문할 계획이었다. 하지만 뉴욕에서 코로나19가 창궐하여 모든 것이 마비되면서 선거운동 일정은 모두 취소되었고, 투표도 무기한 연기되었다.

퇴원 후 나는 '내가 꼭 해야 하는 일'과 '그렇지 않은 일'을 구별하는 과정에서 이 선거운동을 계속해야 하는가에 대해 고민했다. 내가 아니면 안 되는 일, 즉 나의 대체제가 없는 일만을 하겠다는 결심에 따르자면 UN 위원은 '반드시 해야 하는 일'은 아니었다. 내가 아니더라도 다른 사람이 충분히 잘할 수 있는 일이라고 생각했기 때문이다.

그러던 차에 내 선거운동을 담당하고 있는 외교부의 국장과 과장으로부터 연락이 왔다. 함께 점심식사를 하면서 나는 넌지시 출마 포기 의사를 내비쳤다. 반응은 예상대로 절대 불가였다. 나를 대체할 사람이 없고, 한국인으로서 최초로 위원회에 진출하는 기회라서 포기해서는 안 된다는 점을 강조했다. 그렇지만 나는 다른 사람이 대신 출마하면 되지 않을까 생각했고, 또 선거 일정이 언제 재개될지 모르는 상황에서 다른 후보를 물색할 시간도 아직 충분하다고 생각했다.

얼마 후 외교부에서 다시 연락이 왔다. 계획했던 선거운동을 뉴욕에 가서 할 수 없는 상황이니, 캠페인 홍보영상을 만들어 회원국에 보내자고 제안했다. 사실 외교부에서는 한국인을 UN 자유권위원회의 위원으로 만들기 위해 오랫동안 노력해왔다. 그래서인지 코로나 팬데믹이라는 초유의 사태 속에서도 최선을 다하기 위해 멋진 아이디어를 만들어냈던 것이다.

결국 외교부의 요청에 따라 나는 홍보영상을 찍기로 했다. 홍보영상을 만들기 위해 나는 UN에서 지난 6년 동안 활동하면서 찍어놓은 사진들을 정리했다. 그동안 활동했던 기억들, 제네바와 뉴욕에서 만난 무수한 인연, 내 아이디어를 내고 실현시키기 위해 노력했던 시간이 주마등처럼 지나갔다. 그러면서 '아, 이 일은 내가 해야 하는구나'라는 생각을 굳혔고 최선을 다해보기로 결심했다.

몇 년 전 제네바에서 UN 직원들과 대화를 나누던 중 이런 일이 있었다. 이 위원회가 UN 인권 메커니즘에서 가장 오래되고 중요한 역할을 하는 위원회임에도 불구하고, 한국인이 단 한 번도 위원이 된 적 없다는 사실을 깨달았다. 제네바에서 일하는 동료들을 통해 한국인의 위원회 진출이 필요하다는 의견도 들었다. 한국은 UN에 세계에서 열번째로 분담금을 많이 내는 나라이기도 하고, 국제사회에서의 위상을 보았을 때도 더 많은 전문가들이 전면에 나서야 한다는 것이다. 하지만 그때까지만 해도 내가 직접 출마해서 당선되어야겠다는 생각은 해보지 않았다.

UN 자유권위원회에 대한 대화는 그것으로 끝이 아니었다. UN 사람들과 줄곧 이야기를 나누면서, 이 위원회가 하는 일과 위원들의 구성 등에 대해 샅샅이 찾아보는 나 자신을 발견했다. 대부분의 위원들은 국제법 학자들이거나 국제법 분야에 종사해온 사람들이었다. 하지만 나는 국제법 학자도 아니고, 국제인권법도 인권활동을 하면서 스스로 배운 것이지 체계적으로 배운 적이 없다.

하지만 어느덧 그동안의 경험과 공부가 사람들에게 내가 그 자격이 있다고 설득해낸 것 같다. 나도 도전해볼 만한 가치가 있다고 생각하게 되었다. 특히 내 마음을 움직인 것은 인권이사회 자문위원회에서 같이 일했던 에티오피아 출신 위원의 권유였다. 뛰어난 국제법 학자이기도 한 그 친구는 나와 함께 많은 일을 했는데, 2년 전 이 위원회 선거에 출마했다가 낙마했다. 그 친구는 올해 다시 나갈 것이라고 얘기하면서 함께 출마하자고 권유했다.

내가 좋아하고 존경하는 동료이자 국제법 전문가가 나를

인정한 것은 매우 기쁜 일이었다. 또 자신의 경쟁자가 될 수도 있는 나에게 출마를 추천한 것도 고마웠다. 결국 이번 선거에서 나는 그 친구와 함께 당선되었다.

아내의 권유 역시 중요한 역할을 했다. 2020년에는 자문위원회 위원의 임기가 끝나는데, 이후에는 어떤 일을 하는 것이 좋을까 고민하고 있을 때였다. 몇 가지 선택지를 놓고 의견을 묻자 아내는 "초심으로 돌아가야지?"라고 말했다.

처음에는 무슨 말인가 했다. 결혼할 당시 나의 꿈은 UN에서 일하는 것이었다. 학자로서 교수가 되는 것보다 국제 무대에서 국제사회의 평화와 번영을 위해 현장에서 일하고 싶다는 꿈이 있었다. 여러 가지 상황이 변하면서 지금은 교수로 일하고 있지만, 젊을 때의 초심으로 돌아가서 이 일에 도전해보라는 뜻이었다.

코로나 사태가 어떻게 될지 예측하기 어려운 상황이기 때문에 UN도 갈팡질팡하는 것으로 보였다. 자유권위원회 선거는 173개국이 모여서 투표해야 하기 때문에 온라인으로는 불가능하다. 그래서 뉴욕의 선거 일정은 상황에 따라 매우 유동적이었다. 원래 선거일은 6월이었으나 코로나로 연기되었고, 아마도 12월 중에 이루어질 것이라고 외교부에서는 예측하고 있었다.

그렇게 2020년 8월까지도 12월에 선거를 치를 것이라고 예상했는데, 9월 초에 갑자기 9월 17일에 선거를 할 가능성이 높아졌다는 소식이 들렸다. 나는 처음에 이 소식을 현재 자유권위원회에서 일하고 있는 캐나다 위원으로부터 전해 들었다. 외교부에 알아보니 그럴 가능성이 크다고 했다.

평소 같았으면 선거를 위해 뉴욕에 직접 방문했을 것이고, 캠페인을 위해 많은 사람들과 분주하게 만나고 있어야 했다. 하지만 코로나 시국에 내가 할 일은 아무것도 없었다. 외교부를 통해서 현재 상황을 전해 듣는 것뿐이었다.

선거가 열흘 정도 남은 상황에서 확보된 표는 80표 정도였다. 최소 100표에서 110표 정도를 확보해야 안정권으로 예측되었다.

9월 10일, 선거 일주일 전 UN 보건부에서 선거에 대한 최종 승인이 떨어졌다. 외교부는 급하게 움직이기 시작했고 총력을 다하는 모습이었다. 사실 우리나라 외교부는 선거 불패라고 불릴 만큼 국제기구 선거에서 낙마하는 경우가 별로 없는 것으로 유명하다. 유능한 인재를 잘 선발해내는 능력도 있겠지만, 국제 무대에서 우리 외교관들의 역량이 그만큼 매우 우수하기 때문이다.

9월 14일, 97표의 지지표를 확보했다는 정보를 들었다.

3일 정도가 더 남았으니 목표치를 달성할 가능성이 있다고 했다. 선거 당일, 외교부에서는 112표의 지지 의사를 확보한 상태라고 했다. 그 외에 호의적인 고려도 12개국 정도 되니 당선 가능성이 높다고 했다. 결국 실제 투표에서 117표를 얻었으니 외교부의 예측이 거의 정확했다고 할 수 있다.

사실 UN의 위원들은 개인 전문가 자격으로서 중립적으로 위원회에서 활동하기 때문에 국익을 위해서 일하지는 않는다. 하지만 UN의 회원은 국가이기 때문에 선거는 국가 차원에서 임하고 각국 외교관들은 자국 위원의 당선을 위해 적극적으로 지원한다. 자국민이 위원으로 진출하는 것은 그 국가의 위상과 관련된 일인 만큼 각국에서는 자국민을 당선시키려고 치열하게 경쟁한다.

선거 전날 한 제자에게서 메시지가 왔다. 지금 뉴욕 UN본부에서 일하고 있는 제자이다. 자유권위원회의 선거 업무를 맡게 되었다는 것이다. 그 친구는 선거 과정에 대해 내게 공유 가능한 정보를 실시간으로 전해주기로 했다.

한국 시각으로 밤 11시에 선거가 시작되고 자정이면 투표 결과를 볼 수 있을 것이라고 예상했다. 나는 결과를 보고 자려고 기다리고 있었다. 하지만 새벽 1시가 넘고 2시가 넘어도 결과는 나오지 않았다. 개표가 지연되고 있다는 이야기만

들려올 뿐 정확한 상황을 알 길이 없었다. 제자인 UN 직원과도 갑자기 연락이 끊겼다.

잠을 청할 수 없었던 나는 컴퓨터를 켜고 UN 웹TV에 들어갔다. 개표가 UN의 자체 방송인 웹TV에서 생방송되고 있다는 사실을 그제야 깨닫고 방송을 통해 개표를 지켜보았다. 그때는 2차 투표를 진행하고 있었는데, 왜 2차 투표를 하는지에 대한 설명은 없었다. 통상 2차 투표는 1차 투표에서 당선권에 들어간 위원이 전체의 과반수 득표를 하지 못했을 때 다시 하는 투표다.

나는 혹시 내가 그 경우에 속해 다시 투표를 하고 있는 것은 아닐까 걱정했다. 나중에 알고 보니 9등과 10등의 득표가 동률이라서 2차 투표에 들어간 것이었다. 하지만 결과를 미리 공개하지 않고, 모든 투표가 마무리된 후에 당선 위원을 한꺼번에 발표하기 때문에 특별한 사인 없이 2차 투표가 진행되었던 것이다.

최종적으로 내 이름이 호명된 것은 새벽 5시였다. 내 이름은 네번째로 불렸다. 평소 같았으면 뉴욕 현지에서 외교관들과 함께 기뻐하며 축하했을 터인데, 그날 나는 혼자 컴퓨터 앞에서 조용히 자축했다.

아침 신문에 보도되고 많은 분들의 축하인사를 받았다.

SNS를 통해, 문자메시지를 통해, 전화를 통해 무수한 축하인사를 받았다. 사실 축하해주는 대부분의 사람들은 UN의 자유권위원회가 무엇을 하는 곳인지 솔직히 잘 모른다. 자유권위원회의 본 명칭도 무척 길다. 어떤 곳인지 한마디로 설명하기도 어렵다. 신문방송사의 인터뷰도 이어지는데, 기자들의 관심은 주로 한국이나 북한에 관련된 것들이었다. 내가 한국과 북한의 인권 증진에 큰 역할을 할 것으로 보이나보다. 하지만 이 위원회는 세계 173개 회원국의 시민적·정치적 인권 상황을 감시하는 기관이다. 한국과 북한은 그저 그중 두 개의 국가일 뿐이다.

나는 인권이사회 자문위원회에서 지난 2년 동안 디지털 시대의 인권에 대한 연구를 했고, 그에 대한 보고서를 완성했다. 4차 산업혁명 시대의 새로운 인권적 도전에 대해 UN 인권제도가 어떻게 대비해야 하느냐에 대한 것이다. UN 인권기구도 새로운 변화와 혁신이 필요하다. 제2차세계대전 당시의 인권 문제에 대비해 만들어진 현 제도는 미래 사회의 문제를 다루기에 충분치 않다. 코로나19 팬데믹은 더 심각한 빈부 격차와 차별과 혐오를 낳을 것이다. 바이러스는 인권과 자유의 숨통을 더욱 조여올 것이다. 나는 새로운 역할을 맡아 미래의 인권 문제에 대비하는 작업을 할 것이다.

"초심으로 돌아가야지?"
코로나19 팬데믹은 더 심각한
빈부 격차와 차별과 혐오를 낳을 것이다.
바이러스는 인권과 자유의 숨통을
더욱 조여올 것이다.
나는 새로운 역할을 맡아
미래의 인권 문제에
대비하는 작업을 할 것이다.

마스크 논쟁과
트럼프 대통령
확진을 보면서

마스크 논쟁이 전 세계적으로 뜨겁다. 우리나라에서는 대부분의 국민이 자신과 다른 사람들의 안전과 건강을 위해 마스크 착용이 필수라는 점에 크게 이의를 제기하지 않는다. 하지만 미국과 유럽에서는 마스크 착용의 효과에 대한 이견이 많다.

사실 이 문제는 정부가 개인의 자유에 얼마만큼 간섭할 수 있는가 하는 문제와 관련이 있다. 서구의 자유주의 이념은 국가가 개인에 대한 간섭을 최소화해야 한다는 점을 오랫동안 강조해왔다. 개인이 간섭이나 억압 없이 자유롭게 사고하고 행동할 때, 사회가 건강하게 발전할 수 있다는 생각이 굳건하게 자리잡고 있다.

자유주의 사고방식이 가장 뚜렷이 드러나는 분야는 경제다. 자유시장경제에서의 결정은 정부의 간섭보다는 시장이라는 '보이지 않는 손'에 의해 내려져야 한다는 생각이 오랫동안 서구 사회를 지배해왔다. 국가의 간섭은 필요한 경우에 최소한으로 적용되어야 한다. 그들은 이러한 자본주의 시장경제 이념이 인간의 존엄성 회복과 증진에도 기여하리라 믿는다. 시장에 의한 자유로운 인간의 행위만이 번영뿐 아니라 적절한 분배도 완성하리라는 아이디어다. 이처럼 서구 사회에는 생활 자체에 자유라는 개념이 뿌리깊게 자리잡고 있다. 이러한 전통을 가진 서구 사회에서는 국가가 국민에게 마스크 착용을 강제하는 것은 받아들여지기 어렵다. 어쩌면 서구인들이 자유에 지나친 방점을 두는 것이 남에 대한 배려를 간과하는 결과를 낳는 것은 아닌지 생각해본다.

코로나 팬데믹은 특수한 상황이다. 통제를 통해 적절한 방역을 제대로 하지 않으면 수많은 사람들이 병에 걸리고 죽을 수도 있다. 또 전염은 전 세계적으로 일어난다. 개인의 행위를 통제하지 않으면 모두가 위험에 빠질 수 있다. 이러한 상황에서 국가의 개인에 대한 통제는 어느 정도까지 허용될 수 있을까.

미국에서는 대선을 앞두고 마스크가 큰 정치적 쟁점으로 대두되었다.

트럼프는 마스크 착용을 잘 안 하는 것으로 유명하다. 반면 바이든은 항상 마스크를 착용하고 마스크의 중요성을 강조한다. 트럼프는 그런 바이든을 유약한 지도자로 치부하고 마스크를 쓰지 않는 자신의 강한 모습을 선거에 활용했다. 그 때문인지 본인이 코로나에 감염되고 말았다. 동시에 백악관 관료들도 많은 수가 감염되었다.

트럼프는 74세의 노령에 병세가 심각해져 병원으로 이송

되었다. 나는 걱정되었다. 트럼프 개인의 건강도 문제이지만, 미국이 혼란 속에 빠지면 전 세계가 요동칠 것이기 때문이다. 다행히도 트럼프는 회복되는 것으로 보였다.

트럼프는 병원에서도 대국민 담화를 발표하고 업무를 추진하는 장면을 트위터에 올렸다. 나는 깜짝 놀랐다. 고열에 산소포화도가 떨어지고 여러 가지 약물을 처방받고 있다면 엄청 아플 터인데, 그럼에도 저런 행동을 하고 있다는 것이 이해하기 어려웠다. 한편으론 존경스럽기까지 했다. 제발 죽지만 않았으면 좋겠다는 생각만 날 때인데, 권력을 다시 쟁취하기 위해 죽음이 맴도는 병실에서도 정치쇼를 멈추지 않았던 것이다. 아, 권력이란 저런 것인가!

나를 더 놀라게 한 것은 깜짝 외출이었다. 트럼프는 병원에서 나와 SUV를 타고 지지자들에게 인사하기 위해 외출을 감행했다. 와우! 마스크를 쓰고 창문은 닫고 있었지만, 그 차에는 경호원과 운전기사가 있다. 차 안에서 저 정도의 거리라면 바로 감염될 수도 있는 상황이다. 바이러스 감염경로에 대한 내 지식이 잘못된 것인가? 아니면 트럼프 대통령은 경호원과 운전기사의 감염 정도는 개의치 않는 것인가.

트럼프의 과감한 행보는 계속되었다. 놀랍게도 3일 만에 퇴원을 강행했다. 우리나라에서는 아무런 증상이 없어도 최소 10일, 대부분은 2주 이상 병원에 격리된다. 미국에서도 규정대로라면 최소한 일주일은 격리되었어야 한다. 특히 트럼프는 중증 증세를 보였고, 아직 회복되지 않았으며, 또 남에게 바이러스를 옮길 수도 있는 상태였다. 그럼에도 퇴원을 한다. 백악관에 돌아와서는 마스크를 아예 벗어던지고 다시 대국민 담화를 발표한다……

나로서는 그저 모든 것이 아찔한 상황이지만, 트럼프의 이런 행보는 그 행동을 지지하고 공감하는 미국인들이 있기 때문에 가능했다. 트럼프는 코로나19 때문에 경제활동이 마비되고, 개인의 자유로운 활동이 제약을 받고, 그러한 상황 때문에 경제지표가 나빠지는 것을 우려하는 많은 미국 국민들의 표를 얻기 위한 전략대로 행동했다. 바이러스와 싸워 이겨낸 위대한 대통령, 자신의 위험을 담보로 내놓고 국가를 위해 일하는 강한 리더라는 것을 부각시키기 위해서다.

트럼프는 "코로나에 굴복하지 말고 싸워서 이겨내자"라고 외친다. 독감을 안고 사는 것처럼 코로나19도 별것 아니니 같이 살면서 극복해내자는 메시지를 던진다.

전혀 일리 없는 말은 아니다.

하지만 우리는 아직도 이 바이러스의 정확한 실체를 알지 못한다. 한 치 앞의 미래도 내다볼 수 없다. 내일 무슨 일이 일어날지도 모른다. 얼마 후 백신이 나오고 치료제가 개발되어서 코로나19가 종식될 수도 있다. 바이러스의 위험도가 줄어들어 계절독감과 같이 취급될 수도 있다. 하지만 분명한 사실은, 아직은 많은 사람들이 병에 걸려 아파하고 또 죽어가고 있다는 사실이다. 또다른 치명적인 바이러스와 팬데믹은 언제고 다시 찾아올지도 모른다.

개인의 자유와 국가의 간섭에 대해 다시 생각해본다. 개인의 자유는 어디까지 허용되어야 하는가. 해묵은 논쟁 같지만 아직도 진행형이다. 트럼프의 행동은 개인의 자유를 강조하는 미국인의 이념에 기반을 둔 것인가. 혹은 집단의 건강과 안전을 무시한 무모한 행동인가.

“개,
코로나 걸렸잖아”

음지의 감염자들

오랜만에 대학교 때 친구들을 만났다. 화제는 단연 코로나19다. 한 친구가 정부에서 코로나를 정치적으로 이용해서 부풀리고 과장한다고 얘기한다. 사실 코로나19는 치사율이 그렇게까지 높지는 않다. 특히 젊은 사람들은 걸려도 무증상이거나 가벼운 감기같이 지나가는 경우도 많다. 또한 너무 오랫동안 지속된 사회적 거리두기에 지쳐서 사람들이 정부 대책에 대해 비판적으로 생각하기도 한다. 한국뿐만 아니라 전 세계적으로 이 문제가 논쟁거리다.

그러던 차에 나는 한 친구의 안부를 물었다. 대학교 때 친하게 지내던 친구이고 유학 시절도 같이 보냈다. 지금은 미국에 거주하고 있어 자주 연락은 못하지만 항상 좋은 기억으로 남아 있는 친구다.

"너, 걔 소식 모르니?"

한 친구가 목소리를 낮춘다. 모른다고 했더니 조금 머뭇거린다. 그가 다른 친구들의 눈치를 본다. 감이 좋지 않았다. 잠시 후 다른 사람에게는 얘기하지 말라며 이렇게 속삭인다.

"걔, 코로나 걸렸잖아."

깜짝 놀랐다. 언제 어디서 어떻게 걸렸는지, 지금 상태가 어떠한지를 알아보기도 전에 나는 그냥 소스라치게 놀랐다. 거의 반사신경에 가까웠다. '아, 내가 걸렸을 때도 친구들끼리 이렇게 말했겠구나……' 왜 이게 그다지도 비밀스러운 일이어야 할까?

말을 못하고 멍하게 있는 사이 다른 친구가 말했다.

"개는 너 정도가 아니라 많이 아프대. 아직도 병원에 입원하고 있다는 것 같던데?"

위중한 모양이다. 그런데 아무도 그 친구의 정확한 상태는 모르고 있었다. 그냥 코로나에 걸렸다는 사실 그 자체만이 화젯거리다. 아마 나도 확진자로 살았던 경험이 없었다면 그 친구들과 마찬가지로 생각했을 것이다.

그 친구가 사람들에게 알려지는 것을 원치 않는 것 같으니 나더러 모른 척하라고 한다. 생각해보니 얼마 전 UN 자유권위원회 선거에 당선되었을 때 그 친구에게 카카오톡으로 소식을 전했는데, 답장이 없었다. 더욱 걱정이 되었다. 지금 생사를 넘나드는 고통에 시달리고 있을지도 모른다. 그렇다면 문자메시지를 받을 수도 없고 보더라도 읽기가 몹시 어려울지도 모른다.

집에 돌아와서 한참 고민했다. 연락해야 할지 말아야 할지…… 지금 병원에서 정신이 있는 상태라면 내 문자메시지에 답할 것이다. 나도 코로나로 병원에서 많이 아플 때, 친구로부터 위로 문자가 오면 반가웠다. 큰 위로를 받는다.

결국 나는 용기를 내어 문자메시지를 보냈다.

"너 건강은 괜찮니? 잘 지내는 거야?"

의외로 금방 답장이 왔다. 6주째 입원중이고 아직도 코로나와 싸우고 있으니 기도 많이 해달라고. 그 친구는 폐가 많이 상했단다. 그러고는 마지막에 "끝까지 싸워 이겨서 나갈게"라고 말했다.

눈물이 났다. 나도 코로나에 걸려서 3주간 입원했고, 너처럼 심하지는 않았지만 결국 퇴원했으니, 마음 단단히 먹고 이겨내야 한다고 했다. 그 친구는 고맙다면서 다시 한번 기도해달라고 부탁했다.

나는 교회는 안 다니지만 기도해주겠노라고 약속했다. 그리고 실제로 간절히 기도했다.

짧은 문자 대화 속에 수많은 생각이 주마등처럼 지나갔다.

종교의 자유, 이동의 자유가 방역상의 이유로 억압되는 문제, 소수자들이 차별당하는 문제, 역학조사에서 개인정보가 유출되는 문제, 고통받는 상공인들, 낙인찍혀 혐오의 대상이 되는 사람들…… 지난 몇 달 동안 내 머릿 속에 맴돌던 문제들이다.

정치인은 권력을 지키고 쟁취하기 위해 코로나를 이용할 수 있다. 기업인은 이 기회를 돈을 버는 데 이용할 것이다. 우리는 그들을 비판하고 나무라고 그래서는 안 된다고 떠들어 댈 것이다.

하지만 그 모든 논쟁 가운데 사람이 죽고 사는 일보다 더 중요한 일이 있을까.

내가 코로나바이러스에 감염되지 않았다면, 나는 그 친구를 그저 코로나에 걸린 친구로 기억할지 모른다. 연락도 하지 않았을지도 모른다. 어쩌면 이렇게 깊이, 인간의 존엄성을 어떻게 지켜내야 하는가에 대한 고민도 하지 않았을 것이다.

우리는 팬데믹을 계기로 많은 것을 배우고 있고 앞으로 많은 제도를 개선해나가야 한다. 해결해야 할 과제가 산더미처럼 쌓여 있다. 하지만 코로나 고난의 한가운데에는 그 무엇보다 '사람'이 있다. 지금도 많은 사람들이 코로나바이러스와 온몸으로 싸우고 있다. 그들에 대해 쑥덕거리지 않는 것, 감염을 그들의 잘못과 운 나쁨으로 몰아가지 않는 것, 나도 언제든지 감염자가 될 수 있다는 사실을 잊지 않는 것, 코로나 사태로 가장 큰 상흔을 입은 '사람'에 대한 공감은 바로 여기서부터 시작될 것이다.

"끝까지 싸워 이겨서 나갈게."
그 모든 논쟁 가운데
사람이 죽고 사는 일보다
더 중요한 일이 있을까.

내 개인정보를 열람하는 보이지 않는 존재들

디지털 기술과 인권

매일 아침 들여다보는 거울에 AI(인공지능)가 탑재되어 있다고 상상해보자. 거울 속 AI는 나의 건강 상태를 점검한다. 내가 무슨 병에 걸렸는지 혹은 걸릴 가능성이 있는지 정확히 분석하고 내게 알려준다. 또 그 정보는 위급한 상황에서 나의 담당의사와 경찰서로 전달되어 즉각 조치를 취할 수 있도록 해준다. AI 덕분에 나는 내 건강에 대해 안심한다.

하지만 그 AI는 당신의 건강 상태뿐만 아니라 별로 공개하고 싶지 않은 정보, 이를테면 심리 상태, 대인관계, 취미생활, 생활습관 등의 정보까지 낱낱이 파악하고 있다. 그에 맞추어 스마트폰으로 나에게 광고를 보낸다. 음식을 파는 기업은 당신의 건강 상태와 관계없이 당신이 즐겨 먹는 음식 광고를 보낸다. 당신의 건강을 위한 음식이 아니라 먹어서는 안 되는 음식 광고다. 또 의류업체는 나의 소비패턴을 파악해 내가 살 필요는 없지만 호감을 가질 만한 옷을 계속 보여주어 과소비하게 만든다.

유혹에 넘어가 몸에 안 좋은 음식을 계속 먹고 필요 없는 옷을 계속 산다. 내 건강은 나빠지고 호주머니는 홀쭉해진다. 건강이 나빠지자 AI가 즉각 신약을 권유하며 사먹으라고 독촉한다. 비싼 약이다. 자꾸 보다보니 약이라도 먹어야 할 것 같아서 평소 소비하는 것보다 큰돈을 써버린다. 은행잔고가 줄어들자 은행에서 대출해주겠다며 문자메시지가 온다.

어떤가? 미래사회가 이렇다면 너무 끔찍하다고 느끼는가? 하지만 이 모든 것은 이미 현재의 기술로 가능한 일이다. 구글은 스마트폰을 통해 우리에 관해 많은 것들을 이미 알고 있다. 동선, 소비 패턴, 행동 패턴을 파악하고, 심지어 우리의 이메일과 문자메시지까지 다 읽고 있다. 이메일에는 적당한 답장을 권유하고, 또 우리에게 딱 맞는 맞춤광고를 보내준다. 구글 덕분에 편리한 세상이 되었지만, 개인정보는 더 많이 노출되고 어딘가에서 활용되고 있다.

코로나19 팬데믹은 이렇게 우리도 모르게 취득된 개인정보가 더 쉽고 빠르게 활용될 수 있도록 촉진하고 있다. 줌Zoom 프로그램이 없다면 회의도, 수업도 참여할 수 없다. 정부는 방역을 위해 개인정보를 더 신속하고 정확하게 수집하고, 더 적극적으로 활용한다. 디지털 기술은 우리에게 더 많은 혜택을 가져다줄 수 있지만, 그만큼 위험도 도사리고 있다.

나는 UN 인권이사회에서 '디지털 기술과 인권'이라는 주제로 지난 2년간 연구해왔다. 4차 산업의 혁신적 기술이 인권에 어떤 혜택과 위험을 불러올지에 대해 분석하여, UN 차원에서 대비하기 위함이다. 그때는 이 보고서가 미래의 디지털 시대에 대비하기 위해 반드시 필요하다 생각하고 작성하기 시작한 기억이 난다. 하지만 그 미래는 이미 현재가 되었다. 코로나19가 디지털 시대의 도래를 더 앞당겼기 때문이다.

현재 국제사회가 제정한 UN인권보호시스템은 국가에 책임과 의무를 동시에 지운다. 국가는 자국민의 인권을 보호해야 한다. 그것을 제대로 이행하지 못할 경우 국제사회는 해당 국가에 책임을 묻는다. 한편 이보다 큰 전제 조건은 바로 국가가 다른 행위자보다 더 많은 정보와 권력을 가지고 있다는 것이다. 국가가 그 권력을 남용하거나 인권 침해를 방조한다면 국제사회가 개입하여 국가에 책임을 묻겠지만, 국가에 이를 통제할 만한 충분한 능력이 없을 때에는 과연 어떻게 해야 할까.

정보화 시대 디지털 시대의 변화 양상은 국가가 그러한 능력을 가지고 있다는 전제 조건을 충족시키지 못할 가능성을 높이고 있다. 즉, 국가가 아닌 다른 행위자들이 더 많은 정보와 권력을 가지고 그것을 남용할 때, 국가가 미리 알아채지 못하는 경우가 생길 수 있다는 것이다. 앞서 든 사례에서 AI가 수집한 개인정보 데이터는 누가 가지고 있는가. 그들이 그 데이터를 어떻게 활용하고 있는지 국가가 모두 파악하는 것이 가능한가.

더욱 심각한 문제는 AI가 머신러닝을 통해 자기 스스로 능력을 키운다는 것이다. AI는 빅데이터를 분석해 데이터를 제공한 사람은 물론 데이터를 제공하지 않는 사람까지 모두 파악한다. 그로써 사람들을 조종하고 통제할 수 있는 능력을 갖춘다. 그렇다면 우리는 인간으로서 가장 중요한 인간의 주체성human agency, 또는 자기결정권을 잃어버릴 수도 있다.

한국 정부는 코로나19 사태를 계기로 2020년 7월 한국판 뉴딜정책을 발표하고 추진하기 시작했다. 대공황 이후 최악의 경기 침체와 일자리 감소 위기에서 신속한 구제 및 회복을 도모하고 개혁을 수행하기 위함이다. 코로나라는 전례 없는 위기에 선제적인 대응이 필요하기는 하지만, 핵심정책 수립 과정에서 개인정보 보호와 같은 인권적 요소도 충분히 논의되고 있을까. 어두운 이면이 우려된다.

대표적인 예를 들어 설명해보자. 정부는 데이터, 네트워크, AI를 기반으로 한 디지털 뉴딜, 즉 디지털 경제로의 전환을 위해 데이터 댐을 구축할 계획이다. 이를 위해 공공데이터 14만 2천 개를 전면 개방하고 빅데이터 플랫폼을 추가 구축하여 제조, 의료, 바이오 등 분야별 데이터 수집과 활용을 확대할 것이다. 또한 AI와 5G 기반의 사회적 인프라를 강화하여 수집된 데이터의 연계와 유통을 개선하겠다는 정책 방향을 제시했다.

이 정책의 장점은 많다. 우선 비대면 원격의료 체계는 장애인, 노인 등과 같은 사회적 약자들에게 큰 혜택을 줄 수 있다. 병원에 가지 않고 집에서 온라인으로 진단과 치료를 받을 수 있다면 얼마나 편하겠는가. 하지만 원격의료는 의료의 민영화를 의미하고, 의료 민영화는 개인의 의료기록이 사기업의 수중에 넘어간다는 것을 의미한다. 내가 매일 아침 바라보는 AI를 통해 누군가가 나를 항상 감시하고 있다고 생각하면 기분이 어떤가. 또 그자가 우리가 조금이나마 신뢰할 수 있는 정부가 아니라 누구인지 전혀 알 수 없는 개인이나 사기업이라면 어떠한가.

많은 사람들이 세상은 코로나19 이전과 이후로 나뉠 것이라고 한다. 역사적으로 이미 몇 차례의 팬데믹이 있었고, 인류에게 크나큰 고통을 주었다. 그런데 이전의 팬데믹과 이번 코로나19는 무엇이 다를까.

인류 사회는 역사적으로 14세기 흑사병, 18세기 콜레라, 1918년 스페인독감, 2000년대에는 사스와 메르스를 겪었다. 이러한 질병은 우리 삶의 양태를 조금씩 바꾸어왔다. 하지만 그중에서도 이번 코로나19는 조금 더 특별해 보인다.

그 특별함의 열쇠는 디지털 기술의 발전과 활용이다. 소위

4차 산업혁명이라고 일컬어지는 디지털 변혁은 우리 삶을 크게 바꾸고 있고, 앞으로 더욱 많이 변화시킬 것이다. 우리는 코로나19를 맞이하여 이를 대처하는 과정에서 디지털 기술을 활용해왔고, 또 동시에 디지털 기술로 인한 피해를 입고 있는 중이다.

이러한 상황에서 어떠한 준비가 필요할까. 개인이나 기업이 내 정보를 마음대로 열람하고 내 무의식중의 선택과 행동을 유도할 수 있다면, 그것을 누가 방지하고 어떻게 책임을 물어야 할까. 국가가 개인이나 기업보다 능력이 부족하여 이를 감시할 능력이 없다면 나의 존엄성은 누가 어떻게 보장해 줄 것인가.

혹은 이러한 정보가 선량한 기업가가 아니라 악한 테러리스트에게 넘어간다면 이 세상이 어떻게 되겠는가. 국가가 할 수 있는 일이 아니라면, 국가에 책임을 묻는 UN인권보호체계도 소용이 없다. 비대칭적인 정보체계하에서는 인권의 보호를 위해 열심히 일하는 시민단체도 마찬가지 처지일 것이다.

앞으로 이 문제에 대한 심도 깊은 논의와 제도화가 필요할 것이다. 나는 '디지털 기술과 인권'에 대한 보고서에 우리는 변화와 위험을 절실하게 인식해야 한다고 썼다. 인권을 담당하는 사람들은 그 사람이 UN 직원이건 시민단체 활동가이건 디지털 기술을 선도적으로 이해해나가야 한다. 또 디지털 기술을 만들어내는 과학자와 공학자, 또 이 기술을 활용하여 비즈니스 모델과 제품을 생산해내는 기업에 대해서도 인권 교육이 필요하다.

인간이 존엄하다는 사실은 인공지능 시대에도 변하지 않는다. 사람이 사람답게 살아야 한다는 명제는 지당하지만, 제대로 실현하기는 무척 어렵고 인공지능 시대에는 더더욱 지키기 어려워질 것이다. 우리 모두가 인권에 대한 지식이 충분하지 않고 인권 문제를 해결할 능력도 갖추지 못한다면 인류의 미래는 어둡다. 이것이 바로 서구 국가에서 UN, 정부, 기업, 시민사회가 협력하여 인권 교육을 강화하고 있는 이유이다.

팬데믹의 시대에는 디지털 기술의 발전으로 빈부 격차는 벌어지고 소외되는 사람은 더 많아질 가능성이 높다. 더불어 함께 잘사는 것은 더욱 어려워질 것이다. 하지만 남의 인권을 존중하지 않으면 나의 인권 역시 보장되지 않는다. 서로 배려하고 공감하며 함께 협력하는 것이 인공지능 시대에 살아남는 길이다. 그리고 그 출발점은 인권에 대한 개개인의 올바른 인식이어야 한다.

에필로그

코로나가 타인의 고통을 이해하게 한다

퇴원 후 친구가 책 한 권을 보내주었다. 책 제목은 '절제의 기술'이다. 나는 이 책을 읽고 깜짝 놀랐다. 내가 병원에서 깊이 생각했던 것과 너무나 비슷한 내용이 담겨 있었기 때문이다.

『절제의 기술』(스벤 브링크만, 다산초당)에는 포모FOMO, fear of missing out와 조모JOMO, joy of missing out라는 단어가 나온다. '포모'는 사람들이 내려놓거나 뒤처지는 일을 두려워하는 것을 의미하고, '조모'는 그것을 두려워하지 않는 것을 의미한다. 이 책에는 내려놓는 것을 두려워하지 않고 즐기는 것이 진정한 자유라는 사유와 함께 이를 실행하는 방법에 대해 쓰여 있다.

남을 돕기 위해 나의 것을 기꺼이 내려놓는 일은 쉬운 일이 아니다. 이미 많은 사람들이 비슷한 얘기를 해왔지만, 머릿속으로는 이해되어도 마음 깊이 공감하고 실천하기는 쉽지 않다.

나는 지난 몇 달 동안 내려놓는다는 것에 대해 많이 생각했다.

지난 20여 년 동안 인권과 함께 살아왔다. 그 일을 하는 사람이 좋아서 같이 다니고 얘기하다보니 어느덧 여기까지 왔다. 아주 열심히 달려왔다. 왜 그랬을까? 연구팀을 만들어서 인권 연구를 활성화하고, 시민사회 조직을 만들어 인권운동을 하고, 인권을 가르치고, 소수자와 약자들을 돕는 일을 해왔다. 정부와 UN에 자문도 많이 해주었다. 내가 해온 일이 나와 우리 가족과 대한민국과 인류사회에 얼마나 도움이 되었을까. 혹시 그저 내 욕망을 충족시키기 위한 것은 아니었을까. 이제 무엇을 어떻게 내려놓아야 할까.

우리는 욕심꾸러기 아이들을 보면서 '커서 잘살겠다'고 흐뭇해한다.

욕심이 많으면 더 얻으려 하고 더 열심히 살 것이다. 잘살 확률이 높아진다. 하지만 욕심을 너무 내서 건강을 해치면 어떻게 되는가. 너무 욕심을 내고 너무 바빠서 가족을 팽개치고 가족들이 애정에 굶주리면 어떻게 되는가. 혹은 욕심쟁이라 자기 가족만 챙기고 남에게 해를 주는 사람이 되면 어찌할까.

세계 평화와 인류사회의 발전을 위해 일하는 것이 내 건강을 해치고 내 가족과의 시간을 덜 보낼 만큼 중요한 일인가.

지난해 열풍이 불었던 〈미스터 트롯〉이라는 경연대회가 있었다. 병원에 있을 때 큰 위로가 되었던 프로그램이다. 거기서 선발된 천재 소년 가수 정동원이 노래를 부른다.

"전화기 충전은 잘하면서 내 삶은 충전하지 못하고 사네."

"마음에 여백이 없어서 인생을 쫓기듯 그렸네."

〈여백〉이라는 노래의 가사다. 너무나 마음에 와닿는다.

나는 코로나19 덕분에 고맙게도 충전할 수 있는 기회를 가졌다. 마음의 여백을 확보할 수 있었다.

충전은 나와 가족을 위해, 그리고 우리 사회를 위해 절실히 필요하다. 또 인권 감수성을 키우는 데도 큰 도움이 된다. 사회가 갈등지수가 높아지고 여유가 없어지면 인권에 대한 생각을 못하게 된다. 혹여 생각하더라도 자기 쪽에 유리한 인권만 바라본다. 그래서 여백이 필요하다.

코로나19는 우리 사회의 문제들을 되돌아보게 해주었다. 이전에 나는 의료진이 겪는 어려움과 고통에 대해 생각해본

적이 없다. 그들의 고마움을 느껴보지 못했다. 환자의 고통과 처지를, 또 그 가족들의 괴로움을 공감해보지 못했다. 이주노동자와 난민, 성소수자의 차별에 대해 늘 얘기했지만, 입장 바꾸어 생각해보지 못했다. 여백이 없으면 이런 생각을 할 수가 없다.

우리는 유토피아를 꿈꾼다. 모두가 자유롭고 더불어 함께 잘사는 세상, 자유와 평등이 동시에 보장되는 세상. 그러나 유토피아는 좀처럼 오지 않는다. 하지만 유토피아에 대해 생각하고 노력하는 사람이 많으면 자유와 평등이 조화를 이루며 유토피아에 좀더 가까이 다가갈 수 있다고 믿는다.

내려놓고 재충전하면서 다가오는 자유를 즐기자.

내가 새롭게 깨닫게 된 것은 남을 배려할 때 진정한 자유가 온다는 사실이다.

나는 감염되었다

UN 인권위원의 코로나 확진일기

1판 1쇄 2021년 3월 12일
1판 5쇄 2021년 11월 19일

지은이 서창록

책임편집 이연실 | 편집 이자영
디자인 김마리
마케팅 정민호 양서연 박지영 안남영
홍보 김희숙 함유지 김현지 이소정 이미희
제작 강신은 김동욱 임현식 | 제작처 한영문화사

펴낸곳 (주)문학동네 | 펴낸이 염현숙
출판등록 1993년 10월 22일 제406-2003-000045호
주소 10881 경기도 파주시 회동길 210
전자우편 editor@munhak.com
대표전화 031) 955-8888 | 팩스 031) 955-8855
문의전화 031) 955-2655(마케팅) 031) 955-2651(편집)
문학동네카페 http://cafe.naver.com/mhdn | 트위터 @munhakdongne
북클럽문학동네 http://bookclubmunhak.com

ISBN 978-89-546-7781-3 03300

www.munhak.com